COMO ANALIZAR A LAS PERSONAS

Guía definitiva para leer rápido a las personas. descubre los secretos de la inteligencia emocional, las técnicas de psicología inversa y el significado oculto del lenguaje corporal para influir en cualquiera a tu favor

Miguel Navy

Índice

INTRODUCCIÓN

Asombrosos e incontables son los misterios que aguardan escondidos en los laberintos de la mente humana. A día de hoy los científicos se comprometieron en trabajar arduamente para resolver este complejo rompecabezas que es el cerebro humano. A continuación vamos a desentrañar y analizar varios de estos enigmas, que son producto de la fusión entre los mecanismos más primitivos del instinto humano y el surgimiento de la consciencia.

Es muy posible que usted haya experimentado la sensación de saber que otra persona estaba enojada con solo verla o tiempo después caer en cuenta que fue manipulado para realizar alguna acción. Es por eso que se le guiará para que pueda reconocer instantáneamente estas situaciones, entender por qué ocurren y sobrellevarlas de la mejor manera posible para no quedar indefenso.

Tenga en consideración que comprender esta información que le será otorgada no solo le podrá ser útil para distintas situaciones de la vida cotidiana, sino que le proporcionara el saber necesario para el autoconocimiento y un mejor desarrollo personal de todas sus habilidades, pudiendo así desenvolverse mejor en los distintos ámbitos de su vida, tanto en el personal como en el laboral. Diversos estudios han revelado que las personas capaces de percibir e interpretar correctamente el lenguaje no verbal, así como de percibir como lo ven los demás, tienen mayor éxito que aquellas personas que carecen de esta cualidad. Es por eso que el objetivo de este libro no solo es la de proporcionar información útil, sino también adentrarte en un proceso de enriquecimiento para tu vida.

Seguramente alguna vez estuvo en la encrucijada de querer pedirle un aumento salarial a su jefe, en querer invitar a una cita a la persona que le gusta o incluso afrontar una situación que le da bastante miedo, pero no supo cómo hacerlo. Aquí se abordarán las distintas técnicas para poder detectar y entender estos conceptos y situaciones, como también se le otorgarán las distintas herramientas para poder usarlas a favor. Cabe aclarar que este libro fue hecho con fines educativos, dejando de lado toda intención de actuar maliciosamente o con fines manipulativos, hay una gran diferencia entre querer influenciar o convencer a una persona y manipularla vilmente. También se deja constancia que la manipulación es considerada como una forma de violencia, dejando secuelas que podrían perdurar toda la vida. Así que use la información que le será dada con la mayor de las responsabilidades y con beneficio personal pero que no implique un daño a terceros.

CAPÍTULO I:

LENGUAJE CORPORAL

EL LENGUAJE

Cuando hablamos de lenguaje es muy común que se lo relacione con la idea de palabras, ya sea por escrito u oralmente. Para lograr un mejor entendimiento del tema en el cual vamos a profundizar es ideal que primero sepamos la correcta definición de "lenguaje". Este término puede ser descrito de la siguiente manera: es la capacidad del ser humano para comunicar sus sentimientos o pensamientos mediante el uso signos, gestos o palabras. Las formas de comunicación van más allá de los idiomas oficiales que tienen los países, gracias al lenguaje se abre toda una frontera de posibilidades donde es posible transmitir gran cantidad de información gracias a gestos, señales, símbolos, sonidos, imágenes y mucho más. Uno de los casos más emblemáticos es el cine. Mediante el séptimo arte se pueden transmitir mensajes de rico contenido cultural y social, que incitan al público a realizar reflexiones profundas sobre diversas temáticas. También sucede que la audiencia suele reconocer las emociones de los actores e incluso sentir empatía por los distintos personajes que aparecen en pantalla. Lo mismo ocurre con la música y la comunicación de distintas emociones con sus infinitas melodías, con las pinturas, con las fotos o con unas simples palabras de un texto que pueden inducir un sentimiento de melancolía. Pero antes de adentrarnos de lleno en el asunto, hay que aclarar que es posible que cada cultura tenga sus propias herramientas de comunicación, tales como modismos, gestos, festividades y costumbres que le serán difícil de comprender a una persona ajena a este círculo social. Un caso bastante peculiar es de los gestos italianos, también usados en países como Argentina debido a la corriente migratoria de parte de Italia que recibió durante el siglo XX.

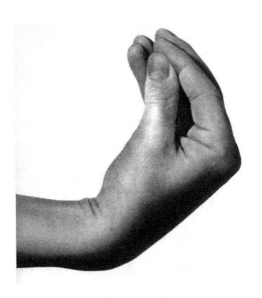

Como podemos observar en la imagen de arriba, este es uno de los gestos italianos más típicos. Consta de juntar los dedos de una mano (o ambas) apuntando hacia arriba, y realizar un movimiento de arriba hacia abajo o viceversa, al estilo del yo-yo. Esta es una forma de expresar desconocimiento acerca de un tema que le están contando. Sin duda para cualquiera que no esté familiarizado con esto le será difícil entenderse con otra persona que use estos gestos.

Por eso tener un lenguaje en común con otra persona permite lograr una mejor sintonía y entendimiento entre las partes, pero sucede que inconscientemente logramos interpretar distintas formas de comunicación que nos son desconocidas y no entendemos. Es aquí donde entra el lenguaje corporal, que es una forma no verbal de comunicación altamente efectiva cuando se emplea, a través de movimientos físicos (cinésica), posturas, expresiones faciales, gestos, contacto, peinados, la ropa, e incluso el timbre y volumen de la voz se transmiten poderosos mensajes cargados de contenido. ¿Pero cuándo y cómo se aprenden estos mecanismos de comunicación? Es durante la infancia y gracias a las denominadas neuronas "espejo"[1] que el infante logra asimilar estos gestos y relacionarlos con algún estado emocional. Cabe destacar que estas neuronas son muy importantes a la hora del aprendizaje y la enseñanza de los infantes, ya que su modo de asimilar los contenidos del mundo exterior es gracias a la observación y la mimesis de lo que ve. Así es como aprende a detectar e imitar corporalmente el enojo, aburrimiento, felicidad, ansiedad, miedo y otros sentimientos que se ven reflejados en la postura, gestos con las manos, expresiones faciales,

---

[1] Las neuronas especular también conocidas como neuronas espejo están relacionadas con aquellos comportamientos empáticos, sociales e imitativos. Estas se activan cuando se ejecuta una acción y se observa en otra persona realizar la misma acción, de ahí su nombre, ya que reflejan lo que uno ve.

movimientos con los ojos, el andar de una persona y hasta incluso en un simple apretón de manos.

COMUNICACIÓN/LENGUAJE NO VERBAL

Es difícil dar una definición de comunicación verbal que sea universal y satisfactoria. Pero lo que si podemos hacer es enumerar una serie de características en común que te darán el conocimiento de poder identificar al lenguaje no verbal cuando se presente.

Entonces la comunicación no verbal es **omnipresente** y **multifuncional**: esto quiere decir que está en todos las culturas del mundo y cumple con distintas funciones y propósitos según el uso que se le dé.

Se puede expresar lo que **no se dice verbalmente**: dentro de este libro se abordarán los distintos comportamientos, gestos y señales que nuestro cuerpo envía constantemente, ya sea en una charla o cuando caminamos.

Puede llevar a **malentendidos**: debido a ciertas diferencias culturales e individuales, un gesto, una expresión o un comportamiento que usted tiene tan naturalizado y no es dañino, en otra cultura puede ser una gran ofensa.

Y es **confiable**: estas señales que envía nuestro cuerpo son muy honestas con respecto a nuestros pensamientos, intenciones, emociones y estados de ánimo, y en algunos casos mucho más sinceras que las palabras.

Hay una gran variedad de mensajes no verbales que transmitimos en el día a día, algunos resultan evidentes para nuestra observación mientras que otros pasan totalmente desapercibidos. La mayoría de la gente cree que las miradas o gestos faciales únicamente juegan un papel fundamental a la hora de comunicarnos. Pero la postura, el andar, la ropa que vestimos o incluso nuestra forma de peinarnos dice mucho de nosotros. Dentro de estas señales que envía nuestro cuerpo nosotros vamos a analizar las siguientes:

Distancia física: cada individuo tiene una distinta concepción acerca del espacio que rodea su cuerpo. La manera en que nos acercamos o nos alejamos a la hora de relacionarnos dice mucho de nosotros. Si alguien se acerca a usted más de lo que considera correcto seguro va a sentir desagrado y en algunos casos amenazado. Cabe destacar que de acuerdo al contexto y las normas culturales puede variar la concepción que tenemos de espacio personal y como lo usamos.

Entonación: según el tono que usemos podemos transmitir distintas emociones o estados de ánimo. Por ejemplo un tono bajo podría significar cansancio, tristeza, que no quiere ser escuchado por alguien ajeno a la conversación o para apaciguar las aguas en una situación tensa.

Expresión facial: nuestro rostro tiene la capacidad de expresar todas las emociones de nuestro espectro emocional. Es así como de forma voluntaria o involuntaria podemos realizar distintos gestos que vayan en consonancia con lo que sentimos o queremos transmitir.

Movimientos corporales: la postura, el andar, rascarse las manos de forma frecuente o colocar las manos en la cintura, son solo uno de los muchísimos gestos que se utilizan en esta forma de comunicación. Debido a que no hay una interpretación única de estos gestos, esto puede llevar a que la comunicación se entorpezca.

IDENTIFICANDO EMOCIONES CON EL LENGUAJE CORPORAL

Para comenzar a analizar los gestos corporales de otra persona, siempre es esencial el autoconocimiento. Saber que posturas, ademanes, expresiones faciales y andar adoptamos en nuestros distintos estados emocionales nos va a servir para poder comprender al otro. Aunque como se ha dicho anteriormente, es muy probable que por las diferencias culturales y personales uno se encuentre con gestos que no le resulten conocidos y le sean difíciles de analizar. Alguna vez habrá notado que leer las intenciones y actos de un infante es mucho más fácil que hacerlo con adulto. Esto es porque la principal vía de comunicación de un infante es el lenguaje corporal, sumado a que tienen menos control sobre los gestos que efectúan. A medida que el ser humano crece, estos gestos siguen latentes pero se vuelven más sutiles y menos obvios de detectar. Saber todo esto no nos dará el pleno conocimiento de las emociones y pensamientos de la otra persona como si se pudiera leer la mente, pero si nos dará claros indicios sobre el estado emocional del sujeto con el que lidiamos y que herramientas debemos de utilizar para ser asertivos y poder manejar la situación de manera eficaz y a nuestro antojo.

Los movimientos del cuerpo revelan gran cantidad de cosas sobre la persona. Todos esos mensajes que mandamos con el cuerpo, son enviados e interpretados por nuestro subconsciente. El lenguaje corporal tiene gran influencia a la hora de relacionarnos con otras personas, pudiendo desembocar en distintas situaciones de acuerdo a nuestros gestos y expresiones. Es por eso que a pesar de la gran cantidad de medios de comunicación a la distancia (videollamada, llamadas telefónicas, mensajes de texto, correo electrónico, redes sociales) las personas siempre eligen el encuentro cara a cara, porque el lenguaje verbal es muy poderoso. Estas técnicas y análisis sobre los gestos deben ser puestos en el contexto correspondiente. Por ejemplo, una postura erguida durante el andar deja entrever confianza y decisión, así como también que goza de buena salud en lo que se refiere a la espalda y columna. Mientras que una postura toda encorvada y con el cuello torcido durante el andar refleja síntomas de desconfianza, temor e indecisión, además de estar asociado a problemas en la columna y consiguientes problemas de salud en otras partes del cuerpo. Aunque, una postura encorvada o desalineada mientras se está sentado puede ser solo una manera de expresar el hartazgo, cansancio o incluso el aburrimiento en ciertos contextos.

Todos los órganos de nuestro cuerpo están involucrados en las expresiones corporales, y a continuación le dejaremos una lista sobre los distintos gestos y posturas que las personas adoptan según sus emociones y situaciones. Una vez que termine de leer este libro estará capacitado para empezar a decodificar estas señales silenciosas que se presentan en las relaciones interpersonales. Pero para poder dominar esta habilidad se requiere de práctica constante y de agudizar tus sentidos. Con el objetivo de ayudarte con esa meta antes de comenzar con lo teórico te voy a proponer una serie de consejos que te ayudarán en tu cometido.

Agudiza tu sentido de la observación: es importante que seas plenamente consciente de tu entorno y lo que sucede en él. Hay una gran diferencia entre la mera implicancia de ver y observar. La mayoría de la gente carece de la segunda, no pudiendo detectar detalles o señales que luego resultan tan evidentes. Es muy probable que haya experimentado o presenciado situaciones donde su pareja le ha engañado, que su hijo le ocultaba algo o que ha sido estafado. Estas situaciones son más fáciles de detectar de lo que uno cree, pero debes estar constantemente atento a cada pequeño detalle. Puede sonar difícil estar atento a todos los cambios sutiles que ocurren a tu alrededor, afortunadamente el arte de observar es una habilidad que se puede aprender y es solo cuestión de entrenamiento. Debes invertir tiempo y esfuerzo en mejorar para romper esas barreras que parecen impedimentos.

Busca patrones: la búsqueda de comportamientos y gestos recurrentes con las personas que te relacionas será de vital importancia, ya que cuanto más conozcas al individuo más fácil te será detectar estas señales no verbales y cualquier cambio repentino que se produzca en su comportamiento. Debes recordar todos los gestos y posturas que te permitan poder diferenciar cuando una persona que está calma y cuando está nerviosa.

Contexto: siempre se debe analizar el lenguaje no verbal en el contexto que este aparece. Como se ha ejemplificado más arriba suelen presentarse posturas o gestos en distintas situaciones, por eso conocer el contexto y saber analizarlo le proporcionará un análisis más acertado acerca de las emociones y pensamientos de la persona.

Cambios repentinos: la manera en que se comporta una persona cambia cuando recibe noticias inesperadas o se enfrenta a situaciones que no preveía, el cuerpo da señales claras sobre esos cambios. Se debe estar atento en todo momento ante estas alteraciones corporales que ocurren de forma brusca. Un ejemplo claro es cuando una persona se sorprende, su cuerpo probablemente se tense y adopte una postura defensiva, además de que sus músculos faciales acompañarán a todos estos gestos.

Detectar comportamientos intencionales: hay una clara diferencia entre los gestos inconscientes que se realizan en la comunicación no verbal y un movimiento premeditado que se realiza a consciencia. Seguramente alguna vez observó algún comportamiento bastante sospechoso e inusual en alguna persona. Notó su tensión y sus movimientos para nada naturales. Esto sucede a menudo cuando la persona trata de ocultar sus verdaderas intenciones, trata de camuflarse actuando "normal" pero dejando en evidencia que su movilidad es tosca y antinatural. Es común ver este tipo de comportamiento en asaltantes, que fingen realizar alguna otra acción antes de cometer un delito, o en personas que están mintiendo y tratan de mantener una imagen de calma.

TIPO DE GESTOS

Dentro de la comunicación no verbal hay una infinidad de gestos que utilizamos los seres humanos. Estos gestos pueden dividirse en cinco grandes categorías:

Los **gestos emblemáticos o emblemas:** estos son los gestos que se realizan intencionalmente, tienen un mensaje claro y específico. Estos gestos son bien conocidos, fácilmente reconocibles y pueden traducirse en palabras. Por ejemplo: cuando cierras el puño dejando el pulgar hacia arriba en señal de aprobación, agitar la mano abierta de un lado a otro en forma de saludo o que el dedo índice apunta hacia arriba y se mueva de un lado a otro que significa "no".

Los **gestos ilustrativos o ilustradores:** este tipo de gestos se reproduce durante la comunicación verbal. Su función es la de poder ilustrar o hacer énfasis en lo que estamos comunicando. A diferencia de los gestos anteriores no tienen un significado claro, sino que más bien van en consonancia con lo que se dice verbalmente. Su utilidad reside en recalcar lo que se dice, enfatizar o poner un ritmo.

Los **gestos emotivos o patógrafos:** a diferencia de los gestos anteriores, estos acompañan una emoción. Pueden estar acompañados de palabras pero generalmente aparecen junto a un estado de ánimo. Por ejemplo, cuando un jugador de tenis cierra el puño en señal de victoria luego de haber ganado un set decisivo.

Los **gestos reguladores de la interaccion:** son señales utilizadas para regular las interacciones interpersonales. Se utilizan para acelerar o frenar al emisor o receptor, indicándole que debe continuar hablando o darle a entender que debe ceder la palabra. El gesto más común es el asentir con la cabeza.

Los **gestos de adaptación o adaptadores**: estos gestos se utilizan para regular emociones que no queremos expresar. Cuando la situación o el contexto no son adecuados para expresar cierto estado de ánimo se recurre a estos gestos que se adaptan a la situación y nos generan alivio ante ciertas situaciones que nos provocan estrés, incomodidad o nervios. A este tipo de gestos se le dedicará una sección debido a su complejidad y la información que proporcionan a la hora de leer el lenguaje corporal. Para más información salte a la sección 1.9.

MITOS SOBRE EL LENGUAJE CORPORAL

Antes de avanzar a la siguiente sección es importante que desmontemos algunos mitos acerca del lenguaje corporal que están bastante asentados en nuestra sociedad y se repiten hasta el hartazgo.

Gesticular con tus manos al hablar es considerado poco profesional o una falta de respeto: esto no podría estar más errado. Gesticular con nuestras manos mientras charlamos en una forma natural de manifestar nuestro lenguaje corporal. No solo ayuda a que los oyentes puedan interpretar lo que está diciendo, sino que además permite hacer énfasis en algún punto en particular y otorgarle calma a usted. Dejar las manos quietas, tensas y controladas o guardarlas, puede ser considerado como que usted esconde algo o está sumamente nervioso.

Aumentar la frecuencia del uso de nuestro lenguaje corporal ayuda a establecer una mejor sintonía: si bien el uso del lenguaje corporal es una parte importante en toda comunicación, usarlo en

18

demasía y de forma exagerada puede ocasionar sensaciones negativas. Imagínese una persona que está sonriendo todo el tiempo, o que sonríe frecuentemente mientras usted le habla, esto más que darle una sensación de comodidad y confort puede producirle hasta terror. Hay que recalcar también que los humanos de forma inconsciente podemos distinguir una sonrisa natural de una forzada, más adelante en este mismo libro le indicaremos las importantes diferencias.

Desviar la mirada es sinónimo de mentir: sin duda uno de los mitos más frecuentes que se utilizan hoy en día. No todos pueden mantener el contacto visual durante una conversación, ya sea por la duración de la charla, por el nerviosismo de determinada situación o una simple distracción. Además que no todos reaccionamos de la misma forma. Por lo tanto desviar la mirada durante una conversación puede tener varios significados, como indicamos en la sección anterior es importante el contexto. En el capítulo número III hablaremos sobre los ojos.

Los brazos cruzados indican que no hay interés: este lo he escuchado frecuentemente en distintos contextos. Cruzar los brazos puede tener varios significados, en una sección de este capítulo analizaremos esto.

POSICIÓN DE LA CABEZA Y SUS MOVIMIENTOS

La cabeza y el rostro son el foco de atención en cualquier interacción humana y juegan un rol vital en el lenguaje corporal. Cuando una persona se dirige a usted lo usual es que mires fijamente su cara mientras charlan. La mayoría de las personas no son conscientes de los movimientos que realizan con la cabeza durante una conversación. Aquí es donde aprendemos a diferenciar entre las expresiones naturales que son realizadas de manera inconsciente, y las expresiones exageradas que son realizadas adrede con el objetivo de aparentar cierta imagen o querer influenciar al otro. Es importante recordar que todo pensamiento – consciente o inconsciente – se origina en nuestra mente, ergo, en nuestra cabeza. Es por eso que esta parte del cuerpo es tan importante a la hora de leer el lenguaje no verbal.

Asentir la cabeza: en la mayoría de las culturas, que el oyente asienta suavemente con la cabeza es una muestra de respeto, aprecio y que está conforme y coincide con lo que le están diciendo, siendo este gesto generalmente acompañado por una sonrisa de cordialidad y afecto. Esto puede ser usado como una herramienta de influencia, ya que varios estudios afirman que las personas tienden a hablar de tres a cuatro veces más cuando el oyente asiente gentilmente la cabeza, generando un vínculo de confianza y de mutuo acuerdo, en donde la persona proveerá más información. También es aconsejable asentir mientras uno habla, ya que esto genera emociones positivas y un sentimiento de confianza y afirmación hacia sus propias ideas, lo que hará que el oyente sea más propenso a aceptar sus opiniones e imitar su lenguaje corporal. Asentir la cabeza genera sentimientos de confianza, y los sentimientos de confianza hacia uno mismo llevan a asentir con la cabeza mientras se habla, por lo cual realizar este movimiento de forma intencional generará en usted una reacción de causa y efecto que le hará sentir mejor. Pero, tenga cuidado asentir la cabeza de manera excesiva y de forma enérgica puede ser tomado como un signo de hartazgo, falta de paciencia y que la otra persona debe apurarse en lo que está comunicando o haciendo. También debe observar los labios de su interlocutor, si el asentimiento de cabeza está acompañado por un fruncimiento de los labios esto significado desagrado y desacuerdo.

Negar con la cabeza: mover la cabeza de un lado a otro siempre es tomado como una clara muestra de desaprobación y negación, mientras más vigoroso y rápido sea este movimiento más grande es el desacuerdo. Usualmente este movimiento es realizado sin intención alguna, pero cuando se realiza de forma brusca y de forma reiterada es la misma persona que conscientemente está mostrando su negativa ante la situación y que la decisión está tomada. Hay que hacer gran énfasis en los movimientos de asentir y negar con la cabeza, es muy común que una persona proporcione una respuesta de forma oral pero su lenguaje corporal los traicione y contradiga lo que dijo. Por ejemplo, si usted le pregunta a su hijo adolescente si sabe la fecha de entre de notas y le dice «No» pero al mismo tiempo asiente con la cabeza, es un signo claro de que le está mintiendo.

Voltear la cabeza: girar la cabeza hacia otro lado es una señal de aburrimiento, donde la persona ya no quiere enfocar su atención y decide voltear su mirada hacia otro lado dando una clara señal de que ignora la presencia de la otra persona. Aunque si la persona voltea su cabeza colocando una oreja apuntando hacia la boca del otro interlocutor, significa que quiere escuchar mejor lo que se le está diciendo, mostrando su postura receptiva y de interés.

Cabeza firme y recta: mantener la cabeza de este modo durante la interacción es la forma más común de postura. Da a entender que está en una posición neutral con respecto a lo que se le dice, no mostrando ansias de dominación pero tampoco de sumisión.

Levantar la cabeza proyectando la barbilla hacia adelante: esto es un claro signo de superioridad, audacia y arrogancia, donde se pretende tomar una posición de dominancia expresándose con agresividad y poder. De forma intencional, la persona expone su garganta como signo de arrogancia y provocación, además de "ganar altura" y adoptar una postura donde ven todo desde más arriba, mostrando que están por arriba de los demás y los que se encuentren abajo son inferiores. A su vez exponer el mentón de esta forma le da una perspectiva de parecer más grande y prominente, siendo que los mentones más desarrollados y fuertes están relacionados con más cantidad de testosterona en el cuerpo. Esta postura es muy usada por distintos políticos, empresarios o capitanes de equipo en los distintos deportes.

Ladear la cabeza hacia un lado: este movimiento deja expuesta la garganta y parte del cuello haciendo ver a la persona más chica y menos intimidante, lo que deja entrever una posición de sumisión[2]. Este gesto es muy utilizado por los perros para sus dueños, en una clara muestra de confianza y docilidad. Se cree que este gesto es de los primeros que realizan los humanos cuando apenas es un bebé, siendo utilizado cuando se acuesta en el regazo o el pecho de algún progenitor. También es bastante frecuente entre las mujeres cuando encuentran algún hombre por el cual sienten gran atracción, siendo que los hombres toman este gesto como una señal de interés y de que tomen iniciativa. Estudios recientes muestran como las mujeres son más propensas a realizar este gesto, ya sea en publicidades, fotos o

---

[2] Cuando se habla de sumisión se utiliza este término para referirse a una postura de docilidad y confianza entre ambas partes. Pero nunca con la intención de mostrar una obediencia ciega e irracional de quien ladee la cabeza hacia un lado, siendo que este sentimiento de confianza puede romperse fácilmente si se actúa de forma indebida o incorrecta.

durante el modelaje. Aunque, cabe recalcar que durante alguna negociación importante o discurso siempre es importante mantener la cabeza firme.

Bajar la cabeza: mantenerse cabizbajo puede ser un signo de sumisión y miedo, siendo que la persona no se atreva a mirar fijamente a quien le está hablando, evitando todo contacto visual, sobre todo si es en un contexto de agresividad o donde se le da una reprimenda. Es bastante característico ver estos gestos en los niños más pequeños, cuando los padres los retan por haberse portado mal o realizar alguna acción que se deba corregir. También es muy común que una persona desapruebe o esté disconforme con ciertas opiniones y actitudes de otras personas, pero no quiera decir nada. Es ahí cuando el lenguaje corporal entra en juego, se puede observar como esta persona baja su cabeza y empieza a juntar pequeñas "pelusas imaginarias" de sus ropas, revelando miedo a dar a conocer su opinión guardada. Para enfrentarse a este tipo de casos lo mejor siempre es ser frontal pero gentil, ofreciendo a que el otro pueda revelar sus incomodidades y disconformidad.

El movimiento de la tortuga: este movimiento es conocido con este nombre debido a las similitudes que hay cuando una tortuga retrotrae su cabeza y se esconde en el caparazón. En este gesto la persona levanta sus hombros y tira la cabeza hacia abajo escondiéndola entre los hombres levantados. Es una clara muestra de miedo y ansiedad, donde se protege el cuello y la garganta de cualquier herida y amenaza eventual. Es el movimiento intencional que realiza cualquier ser humano cuando escucha algún ruido fuerte detrás de él o cree que hay alguien al acecho. En otros contextos, como el laboral, implica una expresión de sumisión y disculpa, siendo todo lo contrario a una postura de confianza.

El cabello: nuestro pelo comunica mucho de nosotros y acerca de nuestros hábitos. Generalmente lo usual es que las personas lleven su cabello limpio y peinado. Un cabello sucio, enmarañado y desordenado puede ser signo de problemas de salud o incluso revelar alguna enfermedad mental.

Jugar con nuestro cabello: jugar con nuestro pelo es un comportamiento que libera estrés y nos ayuda a calmarnos. Es utilizado en mayor medida por mujeres y es un indicador de buen humor en contextos relajados y amistosos, o de estrés durante algún examen o entrevista.

Pasar la mano por nuestro cabello: frecuentemente utilizado por los hombres, este comportamiento es signo de duda o de una preocupación que los aqueja.

Rascarse la cabeza: este comportamiento es usual en gente preocupada, estresada o que tiene dudas. Es normal verlo en alguna persona mientras piensa una respuesta o trata de recordar algo. Rascarse la cabeza de forma prolongada y muy rápida puede ser síntoma de estrés o una preocupación muy grande.

LAS MANOS COMO DELATORAS

Las manos son nuestras "herramientas" más útiles, son únicas en todo sentido, la disposición de los dedos no solo nos permite lograr variedad de tareas, sino comunicar variedad de pensamientos. Nos permiten tomar cosas, limpiarnos, ocultar nuestro rostro, rascarnos, quitarnos cosas que nos molesten, golpear, construir, tocar instrumentos y mucho más. Pero también juegan un papel muy activo a la hora de las relaciones humanas. La fuerza que empleamos al interactuar o la posición donde las dejamos mientras entablamos una charla dice mucho de nosotros. Existe una parte del cerebro llamada el área de Broca, que está estrechamente relacionada con el proceso del habla, y diversos estudios han demostrado que esta no solo se activa al hablar, sino también cuando movemos las manos. Es por eso que generalmente movemos las manos al ofrecer un discurso, y es recomendable hacerlo, ya que esto nos proporciona tranquilidad, confianza, mejora la capacidad verbal y sirve para hacer énfasis en el mensaje que se quiere transmitir. Desde tiempos antiguos las palmas abiertas hacia arriba son consideradas un signo de confianza y honestidad, es una posición positiva que ayuda a establecer una relación de sintonía y confianza con cualquier otra persona. Mientras que las palmas hacia abajo son una proyección de poder y autoridad, este gesto es usado para ejercer cierto control y dar órdenes, generalmente estas expresiones están asociadas a los saludos fascistas del Siglo XX. Aunque irónicamente, para bajar la tensión de una situación siempre se emplea ambas manos con las palmas apuntando hacia abajo, pero siempre con los brazos y dedos relajados y con un tono cortés y gentil.

Apretón de manos: las manos son frecuentemente usadas durante los saludos. Una palma que apunta hacia abajo, que usa mucha fuerza durante un periodo de tiempo prolongado y donde se apoya la otra mano encima, es una muestra de dominación. Donde el empleo de la fuerza es para demostrar su fortaleza y la prolongación del saludo es una señal que dice "Yo decido cuando soltar". Una palma blanda, sin fuerza y que es retirada rápidamente es un signo de sumisión y que la persona este incomoda con el contacto, dejando entrever sus sentimientos de desconfianza y debilidad. Mientras que un saludo con las palmas de ambas personas en forma vertical indica igualdad de condiciones y respeto hacia el otro. Cabe aclarar que realizar un apretón de manos prolongado y con mucha fuerza la mayoría de las veces solo generara incomodidad en la otra persona. La mejor opción es la tercera, mano firme, recta y sin prolongarlo demasiado tiempo.

Llevarse una o ambas manos a la cabeza: este gesto se suele observar en personas que han cometido un error y caen en cuenta de ello. Lo más común es verlo en jugadores de futbol, cuando se toman la cabeza después de marcar un gol el su propio arco.

Las manos en el cuello: es bastante normal ver este gesto en una charla. Una persona habla y la otra escucha atentamente, pero, casi sin ninguna intención el oyente se lleva la mano al cuello para apoyarla o fingir que se rasca, pero ¿qué significa esto? Este es un patrón clásico en personas que se encuentran nerviosas o sufren de ansiedad, llevar la mano a su cuello interactuando con este es una forma de aliviar la tensión que les produce la charla y desviar la atención por un corto periodo de tiempo. También es frecuente que se lleven la mano al rostro o a alguna otra parte del rostro, ya que todas las personas tienen sus partes predilectas para acariciar o tocar cuando algo les preocupa.

Juguetear con los dedos: esta es una expresión bastante usada por gente que está nerviosa y debe calmar sus ansias moviendo los dedos. Es común que tomen algún objeto cercano y lo aprieten, rasguen o doblen para exteriorizar toda la ansiedad que tienen acumulada en el cuerpo. Otro gesto típico es rascarse en demasía o comerse las uñas de los dedos.

Frotarse las manos: este es otro gesto que demuestra nerviosismo y ansiedad ante una situación. La persona debe aliviarse y elige frotar y apretar sus propias manos para liberar toda esa tensión contenida.

Tocarse la oreja: es la representación inconsciente de querer bloquear las palabras no deseadas. Este gesto está acompañado con un leve movimiento de la cabeza y desviación de la mirada, como una clara muestra de querer que la otra persona deje de hablar.

Las manos mientras se miente: la persona que miente en pos de mantener oculto su engaño y ofrecer una imagen de naturalidad y calma seguramente trate de mantener controlados todos sus gestos, incluidas las manos. Es por eso que hay que estar bastante atento a estas señales, si notamos algún comportamiento inusual o que la persona está muy tensionada, hay que empezar a sospechar.

Rascarse la nariz: esta microexpresión puede delatar a una persona que está mintiendo. Ya que al mentir, se liberan al torrente sanguíneo unas sustancias químicas llamadas catecolaminas. Estas provocan que los tejidos internos de la nariz se inflamen y una consiguiente comezón. Cuando ves una persona frotándose o rascándose la nariz puede deberse a su intento de calmar el picor. Este fenómeno es conocido como el Efecto Pinocho.

Taparse la boca: si hace este gesto mientras habla es que podría estar mintiendo. Aunque si lo hace mientras escucha al interlocutor es porque piensa que podría estar mintiendo. Este gesto es muy común en los niños pequeños y es mucho más obvia, generalmente se tapan la boca con las dos manos tratando de "contener" la verdad que debería salir de su boca.

Palmas abiertas y cerradas: la primera expresa una posición de sinceridad y honestidad sobre lo que decimos, así como tranquilidad y pasividad en nuestras acciones. Mientras que un puño cerrado manifiesta todo lo contrario, donde los sentimientos que predominan son la tensión o incluso la agresividad.

Las manos en la cadera: este es un gesto bastante frecuente en las personas, mucho más en ciertas autoridades como la policía, en nuestros funcionarios políticos o incluso en las modelos de ropa femenina. Esta actitud es considerada sutilmente agresiva, ya que con esta postura se quiere aumentar la presencia física e imponerse. Es usada mayoritariamente por los hombres en su círculo social o en presencia de mujeres que encuentran atractivas, para aparentar más masculinidad y cierta dominancia. A mayor exposición de la zona del pecho, más agresividad se querrá comunicar.

Las manos dentro del bolsillo pero con los pulgares fuera: es una postura comúnmente utilizada por los hombres, es bastante frecuente verlas en los modelos de ropa masculina. Es un intento de demostrar confianza en sí mismos.

Apoyar la cabeza sobre una o las dos manos: apoyar la cabeza sobre el puño cerrado expresa contemplación y reflexión sobre lo que se está viendo o escuchando. Mientras que apoyar la cabeza sobre la palma abierta es señal de aburrimiento y cansancio, una muestra de que le "pesa la cabeza" y debe reposarla en algo para descansar. Y apoyar el mentón sobre las dos manos abiertas es tomado como una expresión de admiración y atención hacia el objeto observado, generalmente relacionado con sentimientos de amor y atracción hacia otra persona.

Señalar: apuntar con el dedo índice mientras se tienen los otros dedos de la mano cerrados es tomado como una agresión y señal de desafío. Todos hemos pasado una situación en donde se nos ha señalado y sabemos que tan amenazante y agresivo puede llegar a ser, generando todo tipo de sentimientos negativos. En muchas culturas de Asia, señalar a otra persona es considerado un insulto y este gesto solo puede usarse con animales. Mantener el puño cerrado con el dedo alzado mientras se da un discurso tiene efectos negativos en los oyentes. No solo no genera sensaciones positivas, sino que estarán menos dispuestos a escuchar lo que el interlocutor tiene para decir.

Aspecto de las manos: el aspecto físico de las manos dice mucho de una persona. Con solo verlas puedes diferenciar con claridad quien se las cuida y mantiene higienizadas y quién no. Es muy probable que las personas que emplean trabajos físicos ya sea en obras o levantando objetos pesados tengan las manos desgastadas, encallecidas y luzcan un aspecto fuerte. También aquellas manos agrietadas y en algunos casos rojas pueden ser signo de algún trastorno compulsivo o señales de nerviosismo. Donde la persona se lava o higieniza las manos de forma excesiva, que está en constante contacto con productos de limpieza o que sus manos son "victimas" de distintas mañas nerviosas dejando lastimaduras a la vista.

LOS BRAZOS

Desde que nuestros ancestros comenzaron a caminar erguidos nuestros brazos quedaron totalmente libres, pudiendo emplearlos para dar puñetazos, agarrar cosas, hacer gestos e incluso defendernos. A lo largo de este capítulo nos fuimos dando una idea de cómo el cuerpo siempre está preparado para dar una respuesta especifica ante los estímulos externos. Y los brazos no son la excepción.

Ante una situación que implicase algún daño a su persona seguro que la primera reacción inconsciente de usted fue levantar los brazos para utilizarlos como escudo y levantar ligeramente las piernas. Puede verse mucho en partidos de futbol cuando a algún jugador le toma por sorpresa la dirección del balón, su primera reacción es cubrirse el rostro y levantar una o ambas piernas flexionadas. Esto ocurre con el objetivo de proteger nuestros órganos vitales: el cerebro, el corazón, riñones, estómago, genitales y los pulmones. Los brazos se utilizan para proteger la cabeza y el cuello, mientras que las piernas se levantan para proteger el pecho y abdomen, la flexión de las piernas

35

es utilizada para qué la tibia y la rodilla sean usados como escudo, puesto que son huesos bastante resistentes. También la persona se inclina levemente para que su cuerpo quede menos expuesto, técnica utilizada por ejemplo por los boxeadores. Estas reacciones también pueden observarse en victimas de asalto a mano armada, ya sea por arma blanca o arma de fuego. Conscientemente los humanos sabemos que nuestros brazos o piernas son incapaces de detener un arma cortante o una bala, pero estos movimientos son reflejos inconscientes que no se pueden controlar y actúan como mecanismos de respuesta para reducir daños a partes vitales del cuerpo. Por eso en víctimas de este tipo de asaltos tan violentos se pude observar distintos tipos de heridas en sus brazos y piernas. Dicho esto, sabemos que nuestros brazos reaccionan ante el peligro.

Los brazos también pueden manifestar distinto tipo de emociones. Cuando estas contento, alegre, es normal que realices movimientos que desafíen la gravedad. Que los alces, los muevas para todos lados. El ejemplo más claro es en una fiesta mientras bailas, o cuando logras un objetivo realmente importante. También este tipo de comportamientos se pude observar en jugadores de futbol cuando anotan un gol, que en modo de festejo se arrodillan y alzan las manos al cielo. Sino también en velocistas cuando atraviesan la meta de llegada, alzan los brazos en gesto de gloria y triunfo, a este gesto se lo conoce como "tocar el cielo con las manos". Diversos estudios han confirmado que incluso personas no videntes desde el nacimiento realizan este gesto en momentos de gran felicidad.

Cruzar los brazos: este es uno de los gestos más conocidos y usados en todo el mundo, de acuerdo al contexto en que es usado tiene distintos significados. Cuando una persona se siente amenazada por una situación, cruza los brazos sobre el pecho, formando una especie de barrera que protege las costillas, los pulmones y el corazón. Es una señal que demuestra inseguridad y miedo, la persona adopta una postura con el objetivo de aumentar su presencia física y establecer los límites con aquello que la hace sentir incomoda. Es frecuente observar a las mujeres caminando por la calle con esta postura, reflejando sus grandes inseguridades y miedos.

En otros contextos este gesto puede ser tomado como una postura defensiva o de desagrado hacia cierta persona o situación. Es frecuente que ante la disconformidad de una acción la persona se cruce de brazos.

También es bastante usada para demostrar poder y decisión, lo podemos observar en publicidades de deportistas, en fotos empresariales o en las propagandas políticas, donde la figura central adopta esta posición.

Y por último puede significar un auto abrazo, es una forma de consolarnos y tranquilizarnos a nosotros mismos previo a situaciones de gran estrés. Se cree que esta postura es debido a que buscamos el abrazo protector de nuestra madre, y al no encontrarlo nos consolamos nosotros mismos.

Unir las manos por detrás de la espalda: este es un gesto que demuestra confianza y ausencia de miedo al dejar al descubierto el estómago, la garganta, el pecho y la entrepierna, ya que son puntos muy vulnerables. También siendo una forma de esconder los brazos y dar a entender que no quieres entablar una relación con una persona. Cuando la persona se toma la muñeca o el brazo en esta posición significa autocontrol. Es aconsejable adoptar esta postura en momentos de mucha inseguridad para ganar confianza.

Cruzar un brazo por delante para sujetar el otro: esta postura refleja desconfianza en uno mismo e inseguridad, deja al descubierto la necesidad de ser abrazado y de consolación. Mientras más cerca del hombro sea el agarre, mayor es la inseguridad latente. Podemos ver este tipo de expresión en las mujeres que se sienten tristes o inseguras en determinadas situaciones.

LOS GESTOS DE ADAPTACIÓN

Este tipo de gestos, también conocido como adaptadores, tienen este nombre tan peculiar debido a que se "adaptan" a determinadas situaciones en particular. Nuestro cuerpo responde de determinada manera ante situaciones de bienestar o malestar. El lenguaje corporal de una persona alegre y tranquila durante sus vacaciones en la playa no será el mismo que cuando deba regresar a su oficina y realizar sus labores que le pueden producir estrés y malestar. Por lo tanto es importante aprender un poco más de este tipo de gestos y aprender a evaluarlos para determinar los estados de ánimo. Nuestro cerebro siempre posee una respuesta para las situaciones de bienestar o malestar, ya sean respuestas innatas o aprendidas.

Los gestos adaptadores no son únicos de la especie humana, sino que están presentes en otros animales, como chimpancés o perros, que se lamen y acicalan a sí mismos y entre ellos para calmarse. Sin embargo, la especie humana tiene una gran variedad de estos gestos, algunos muy evidentes y otros muy sutiles.

Debemos estar atentos a este tipo de gestos cuando las personas son expuestas a estímulos negativos o positivos. Por ejemplo, alumnos a los que se realiza preguntas difíciles, su reacción más común es que se toquen el cuello o se rasquen la parte trasera del cuero cabelludo. Estos son gestos predilectos de cada persona para aliviar el estrés y la tensión que tienen acumulada en el cuerpo.

Las personas tienen sus adaptadores favoritos. Fumar, mascar chicle, comerse las uñas, lavarse las manos, morder un lápiz, acariciarse el pelo, frotarse la frente, comer, pasarse las manos por los muslos de las piernas, apretarse las rodillas o pasarse la mano por la barbilla, entre otros, son todos comportamientos que tienen la misma función: calmar los nervios. Si la persona fuma y su nerviosismo aumenta, fumará más seguido y en más cantidad, lo mismo ocurrirá para la persona que se lava las manos para aliviar su malestar.

¿Pero por qué estas zonas en particular? El cuello, las manos, las muñecas, el torso y el rostro son las partes del cuerpo con una gran cantidad de músculos y terminaciones nerviosas, por lo que cuando uno está bajo estrés se tensan, así que proporcionarles una leve caricia o masajes ayuda a destensarlas y calmarnos a nosotros mismos. Un ejemplo bastante claro es cuando una persona se estira el cuello de la camisa para que esta no le apriete el cuello, es una forma de liberar estrés y además darle un "respiro" a una zona que se encuentra tensa. Sino el más conocido es el autoabrazo. Donde la persona se cruza de brazos y se proporciona a si misma pequeñas caricias que van desde el hombro hasta el codo. Es una forma de sentirse seguros y aliviarse a sí mismos, en un gesto que recuerda a como nuestra madre nos abrazaba de más pequeños.

En resumen, debes estar atento a este tipo de comportamientos y cuando se producen, generalmente ocurren ante la exposición de una situación que puede generar malestar. Recuerda que cada individuo tiene sus propios gestos adaptadores, por lo cual una vez que los identifiques podrás detectar con facilidad cuando el nerviosismo de una persona va en aumento o decrece.

CAPÍTULO II:

COMPRENDIÉNDONOS A NOSOTROS MISMOS

EL LEGADO DE NUESTROS ANCESTROS

¿Alguna vez te has preguntando por que frotas tus manos cuando estas nervioso? ¿Por qué llevas tu mano a la nuca mientras interactúas con otra persona? ¿O por qué te paralizas al escuchar un sonido fuerte detrás de ti? Para responder a todas estas preguntas debemos adentrarnos en las profundidades del cerebro. Una vez que hayamos descubierto y explicado estas distintas interrogantes serás capaz de interpretar estos comportamientos.

No te asustes cuando te diga que dentro de tu cráneo posees tres cerebros distintos. Aunque esto no es de la forma literal en la que suena, sino más bien en un sentido metafórico. Para eso debemos remontarnos a la década de los 60s cuando el neurocientifico Paul MacLean propuso la teoría del «Cerebro triúnico». Esta teoría afirma que a lo largo de los millones de años de evolución el cerebro humano a medida que crecía en tamaño y en cantidad de neuronas desarrolló y ganó nuevas "capas cerebrales" con distintas funciones cada una, tal como si fuera una mandarina. En la capa más profunda y ancestral de este órgano se encuentra el «cerebro reptiliano» que regula funciones básicas, luego le sigue una capa más moderna llamada «cerebro límbico» y el más reciente de todos que es el «neocórtex». Mientras que el neocórtex es el encargado de realizar todas las tareas que conciernen al razonamiento y procesamiento racional de la información, el sistema límbico es la pequeña caja en donde se encuentran los instintos humanos. A pesar de que el sistema límbico sea posterior al cerebro reptiliano, este es una de las partes más antiguas del cerebro humano. Entre sus funciones más primordiales se encuentra la de la motivación por la preservación del organismo y la especie, es decir, aquí se encuentran los mecanismos más ancestrales que se revelan de manera inconsciente ante distintas circunstancias. Entre esos mecanismos podemos encontrar el hambre, las emociones, los instintos sexuales, la conducta y la personalidad, entre otros.

Hay que entender que todo comportamiento –consciente o inconsciente- es controlado por el cerebro y sus distintas capas. Desde una acción involuntaria como rascarte la nariz hasta una premeditada como ir de compras, se originó en el cerebro.

¿Por qué es tan importante el sistema límbico en el entendimiento de uno mismo? Como se ha aclarado más arriba, esta sección del cerebro es la encargada de resguardar nuestros instintos más primitivos, pero alguno de ellos ya han caducado y no cumplen un rol importante en nuestra supervivencia, pero siguen presentes en nuestra vida cotidiana, a esto se lo denomina «vestigialidad[3]». El caso más emblemático de vestigialidad humana es la denominada «pilo erección» o como es conocida por su nombre vulgar, «piel de gallina». ¿Pero por qué ocurre este fenómeno? La piel de gallina sucede cuando los pequeños músculos ubicados en la base de cada pelo se contraen y tiran del cabello hacia arriba. Este

---

[3] La vestigialidad se refiere a patrones de comportamiento, estructuras anatómicas, procesos bioquímicos o características físicas que han quedado obsoletos durante el proceso de evolución, pero que se presentan en alguna etapa del ciclo de vida del organismo, ya sea por un tiempo determinado o persistiendo por el resto de su vida.

reflejo primitivo se activa por dos razones: como respuesta al frio, en donde los pelos erectos actúan como una capa aislante atrapando el aire; o como respuesta a la ira o el miedo ante la presencia de una amenaza, donde los pelos erectos proporcionan una perspectiva en donde el animal luce más grande con el fin de intimidar a los enemigos, esto seguramente lo ha observado en alguna de sus mascotas, ya sea un gato o un perro, en un fenómeno que es conocido como «reacción de lucha o huida». Para ejemplificar con casos anatómicos podemos hablar del apéndice, sobre el que seguro ha escuchado hablar, en nuestros antepasados cumplía funciones importantes en lo que se refiere a tareas de digestión, pero que hoy ha quedado obsoleto y en muchos casos se extirpa mediante una cirugía. Sino el coxis, que es un hueso remanente de las colas que poseían nuestros antepasados, aunque hay casos muy raros en donde ciertos humanos han desarrollado una cola que crece a partir de este hueso, denominada «cola vestigial». Ya explicado el tema podemos notar como estas estructuras o comportamientos que ya no cumplen ninguna función siguen presentes en nuestro organismo.

Es por eso que en nuestro cerebro límbico aguardan latentes todos estos comportamientos, desvelando una reacción sincera ante los cambios que suceden en nuestro entorno. Estas reacciones de supervivencia están tan integradas en nuestro sistema nervioso, que es difícil poder ocultarlas o reprimirlas de forma consciente. Estos comportamientos se manifiestan físicamente en nuestro torso, cuello, cadera, pies, manos, brazos y el rostro, siendo los auténticos y sinceros reflejos de nuestras emociones, pensamientos e intenciones que se encuentran en nuestro cerebro.

¿Pero qué sucede con el neocórtex? Esta sección del cerebro es la que nos permite racionalizar todo el contenido que nos rodea, la que nos otorga nuestro sentido de abstracción y análisis, pero también la que nos permite mentir. Y según numerosos estudios el ser humano miente a menudo, ya sea a sí mismo o a otras personas, aunque tranquilo, este es un mecanismo el cual también es utilizado por otros animales.

Por estas razones el cerebro límbico es el más fiable y sincero de los tres cerebros. Reacciona de forma automática e instantánea, no dejando tiempo para que nuestro neocórtex procese la información y podamos tomar una acción consciente. Por lo tanto, en lo que se refiere a revelar algo mediante comportamientos no verbales, siempre hay que estar atento a los cambios espontáneos.

HUYE O ¿PARALÍZATE?

Nuestros antepasados han tenido que pasar por incontables situaciones de las más diversas para sobrevivir, y solamente aquellos que se han adaptado al contexto desarrollando nuevas habilidades y mecanismos de supervivencia. No solo bastó con ser el animal más inteligente y tener la capacidad de moldear su entorno, sino que fue crucial incorporar respuestas instantáneas que los salvaran de los distintos peligros. Estos comportamientos se los legaron a futuras generaciones, hasta llegar al día de hoy y notar que compartimos esas características con nuestros ancestros.

La respuesta del cerebro ante los peligros modernos es la anteriormente nombrada «reacción de lucha o huida», descrita por primera vez por el fisiólogo Walter Bradford Cannon. Esta es una respuesta natural de nuestro cuerpo ante la percepción de daño, ataque o amenaza a la supervivencia, donde el sistema nervioso libera una descarga general preparándonos para luchar o escapar. Aunque el término acuñado es «reacción de lucha o huida» se da que en la mayoría de los animales – incluida la raza humana - la primera reacción es la de parálisis y luego de escapar, y en últimas instancias la de hacer frente al peligro. Gracias a estos comportamientos integrados en el sistema nervioso, y su posterior perfeccionamiento debido a un proceso de selección natural, la respuesta al peligro y al estrés ocurre de la siguiente manera: parálisis, huida y lucha.

Para que nuestros ancestros homínidos pudieran sobrevivir desarrollaron una estrategia de lo más eficaz contra los distintos depredadores que acechaban en esos tiempos. Una de las primeras respuestas de defensa contra estas amenazas fue la parálisis momentánea del cuerpo, este mecanismo del cerebro tiene un nombre: inmovilidad tónica. Queramos o no es una reacción involuntaria de nuestro cuerpo, que nos puede dejar congelados tal como estatuas durante un lapso de tiempo hasta que la amenaza se disipe. Esta es la respuesta más habitual dentro del reino animal, siendo la alternativa más eficaz dentro de las posibilidades de la presa. Esto sucede porque los depredadores –actuales o de antaño- tienen una predilección por aquellas presas que escapan, dicho de otro modo, estas increíbles máquinas de matar aman cazar a sus presas y se ven atraídos por los movimientos, en especial aquellos que son bruscos y rápidos. El depredador en su estado de adrenalina no se detiene a observar y analizar en detalle el panorama, sino que reacciona ante las oscilaciones que realizan sus presas. Por lo tanto, la capacidad de paralizarse otorgaba una clara ventaja sobre quien no podía hacerlo. Esto es porque la inmovilidad otorga una especie de "capa de invisibilidad" a aquel que este paralizado, lográndose camuflar con el ambiente y no llamando la atención.

En los casos más extremos que se conocen en la actualidad el animal finge su muerte, patos, zarigüeyas y tiburones son la representación exacta de este fenómeno. Aunque hay casos documentados de personas que fingen estar muertas para salvar su vida. En enero de 2020, en India, ante el ataque feroz de un tigre, un hombre se tiró al suelo y decidió quedarse inmóvil fingiendo su muerte. En la grabación existente es notable observar como el tigre paulatinamente pierde el interés en su presa y se dirige hacia otras tres personas que acudían al rescate, pudiendo ver en la práctica como este mecanismo de defensa que era adoptado en tiempos antiguos lo ayudó a salir ileso de la situación.

A día de hoy, aunque las circunstancias y el contexto hayan cambiado notablemente, el hombre moderno que se sienta amenazado o estresado reaccionará de la misma manera que sus antepasados: se paralizará antes de actuar. Es por eso que nos paralizamos ante situaciones tan mundanas como cuando nos reprenden, cuando nos descubren en alguna acción que tratábamos de ocultar, un ruido fuerte a nuestras espaldas o incluso cuando la persona que nos atrae se sitúa delante de nosotros o nos habla. Esto demuestra que no solo quedamos paralizados ante amenazas físicas o que están en nuestro campo visual, sino también ante aquellas que oímos.

COMPORTAMIENTO DE HUIDA

Cuando el mecanismo de parálisis no es apropiado para situaciones donde la amenaza se encuentra demasiado cerca o no puede reducirse, se opta por escapar. Este reflejo natural está presente en diversos animales y cada uno de ellos tiene sus propias herramientas para emplearlo. Ya sea desde el camuflaje que usan los camaleones o algunas especies de peces, la proyección de sustancias que usan los pulpos o las modificaciones corporales que realizan los erizos. Para pesar nuestro, la selección natural no nos ha otorgado la habilidad de disparar tinta por nuestras muñecas o de llamativas y geniales púas como la de los erizos, así que siempre que se presente una amenaza debemos de recurrir a nuestras habilidades motores y correr. Obviamente estos mecanismos se realizan con el objetivo de ponerse a salvo o al menos colocarse a una distancia segura de la amenaza que permita considerar más variables y analizar la situación de mejor manera. Ante la mínima amenaza nuestro cuerpo ya está preparado para correr a toda velocidad según nuestro organismo lo permita. Se disparan distintos indicadores a lo largo de todos nuestros órganos, liberando distintas hormonas y ordenes que son enviadas a todos los rincones de nuestro sistema nervioso que nos permite realizar dicha tarea de la forma más eficaz y veloz posible. El funcionamiento de nuestro cuerpo cambia de tal manera que los vasos sanguíneos de nuestras manos se cierran para priorizar el envió de sangre a los grupos musculares, nuestro sentido de la vista se agudiza y nuestro cuerpo empieza a sudar con tal de mantenerlo fresco, entre otras cosas. Dicho de otra forma, huir es un proceso instantáneo y tan eficiente que a nuestros ancestros les habrá sido de gran ayuda en determinadas situaciones, así como también es de gran utilidad ante ciertas amenazas, pero adaptado al contexto de la sociedad moderna resulta bastante imposible escapar de aquellas circunstancias que nos resultan amenazadoras y estresantes. Por ello nuestra maquinaria evolutiva ha conseguido ajustarse de tal manera que no es necesario huir como el más rápido de los velocistas, sino que ahora nuestro cerebro nos brinda nuevas respuestas más sutiles pero que consiguen el mismo resultado que aquellas técnicas ancestrales: alejarse de la presencia de objetos, individuos o situaciones no deseados o incluso bloquearlos de nuestro campo visual.

Es cuestión de que hagas ejercicio mental y recuerdes todos esos momentos en los que sentiste incomodidad y posterior a eso realizaste alguna acción de evasión para distanciarte de aquello que te generaba sentimientos desagradables. Cruzar los brazos alrededor de tu pecho, colocar algún objeto (bolsa, mochila) entre tu cuerpo y la "amenaza", inclinarte hacia atrás o dar unos pasos para aumentar el espacio o mover tus piernas de tal manera que apunten hacia la salida más próxima. Todos estos son comportamientos de evasión que se manifiestan cuando la incomodidad o la amenaza es clara. Estas situaciones son muy frecuentes en los programas periodísticos de televisión. Cuando entrevistador y entrevistado, o incluso dos periodistas entran en desacuerdo su mecanismo inconsciente y físico de manifestarlo es inclinar el cuerpo hacia atrás, como una forma de distanciarse de aquello no deseado. Es totalmente natural que nuestra primera reacción sea apartarnos de aquello que nos genera desagrado, sucede en discusiones de pareja, cuando recibimos una mala noticia o cuando no queremos afrontar un conflicto, tomar distancia nos hace sentir seguros y nos aleja de los que nos produce malestar.

Otra forma de "huir" de estas situaciones son los conocidos mecanismos físicos de bloqueo. Taparse las orejas, cubrir o frotarse los ojos y usar las manos para ocultar la boca en determinados contextos son formas de negar lo que nos aqueja. Sucede a menudo que uno se frota los ojos o se lleva una o dos manos al rostro cuando está irritado o disconforme. Recordemos cuando nuestros padres se enteraban de nuestras malas notas o alguna acción reprochable, una forma de demostrar su disconformidad ante nuestro mal comportamiento era frotándose el rostro o los ojos mientras nos reprendían.

La posición de los pies es otro claro ejemplo de estos comportamientos de escape. Se puede observar en alumnos incomodos ante la próxima exposición oral de algún examen muy importante que les genera nervios ¿pudo visualizar como se paran esos alumnos y hacia donde apuntan sus pies? Seguramente hacia la salida más próxima de aquel salón, ya sea durante o previo a esa situación tan amenazante. Sino un ejemplo más común es la de las citas románticas, las piernas juegan un factor fundamental en el lenguaje corporal y la comunicación. Con solo observar la posición de estas extremidades puedes sacar mucha información. Imagina una cena romántica entre dos personas que es su primera cita y desean conocerse. A pesar de que sus expresiones fáciles y gestos del torso tienen una gran carga implícita de intenciones, si quieres obtener información fiable sobre los pensamientos debes poner énfasis en sus extremidades inferiores. Si las piernas de uno de ellos se encuentran retraídas lo más lejos posible de la otra persona significa incomodidad e inseguridad. O si una o las dos piernas están posicionadas por fuera de la silla deja entrever el apuro de la persona por "huir" de aquella cita que no le está proporcionando nada más que sensaciones negativas. Este gesto inconsciente es la forma más sincera de revelar sus verdaderas intenciones.

PREPÁRATE PARA LUCHAR

Probablemente tus padres alguna vez te instruyeron y aconsejaron sobre cómo actuar en una situación de conflicto o gran peligro. Su directriz fue que evites todo conflicto y de ser necesario que corras lo más rápido que puedas. Esta enseñanza también se imparte en las distintas artes marciales, siendo la primera norma y la más importante: que todo lo que se imparta dentro de los dojos es pura y únicamente para defensa personal, donde el conflicto físico debe ser el último de nuestros recursos a utilizar. Y aunque parezca increíble, y tal como hemos visto, nuestro cuerpo está programado de esta forma: la lucha cuerpo a cuerpo es la táctica final utilizada para sobrevivir ¿Por qué? Debido a todos los daños que puede implicar un enfrentamiento de este tipo. El cerebro actúa como nuestro guía y protector, siempre va a priorizar nuestro bienestar físico y psíquico, cueste lo que cueste.

Cuando los mecanismos de parálisis y huida carecen de utilidad, y a pesar de todas las recomendaciones, el conflicto es la única solución. La evolución y selección natural han moldeado nuestro cerebro de tal forma, que logró desarrollar mecanismos de defensa tan complejos y eficientes que permiten ocultar y convertir el miedo y la tristeza en ira y rabia, con el objetivo de amedrentar e intimidar a nuestro enemigo. Es muy probable que usted haya experimentado esta sensación, como una fuerte discusión o gran tristeza lo llevó a sacar toda su ira o enojo.

En el contexto social moderno no se ve con buenos ojos los conflictos, ya sea verbales o físicos. Las consecuencias morales y legales que tiene agredir físicamente – e incluso psicológicamente o verbalmente en algunos países – a otra persona son enormes. Además hemos desarrollado todo tipo de herramientas e instituciones que nos permiten manifestar nuestros sentimientos y llegar a un punto de conciliación sin la necesidad la agresión.

Esto no significa que todas las formas de agresión se hayan erradicado. A pesar de que en comparación a tiempos pasados las personas son menos propensas a entrar en peleas físicas o verbales para resolver sus problemas, estas siguen ocurriendo en el día a día de las distintas culturas, siendo que en algunos países hay más violencia. También hay que entender que ciertas personas, por cuestiones de herencia genética y de crianza son más propensas a ser más agresivas que otras.

Hay que remarcar la clara diferenciación que hay entre ira, hostilidad y violencia. La **ira** es un sentimiento, un mecanismo de respuesta que ejerce tu cuerpo ante alguna amenaza, indicándole que se debe preparar para pelear.

La **hostilidad** es un estado de defensa en donde la persona siempre está predispuesta a pelear todo el tiempo. Estas personas son en general tercas, impulsivas, impacientes, negativas y se meten con frecuencia en peleas dado su comportamiento errático.

Mientras que la **conducta violenta** es un comportamiento consciente con la intención de hacer daño a un tercero, es decir, no es un mecanismo de defensa ni el reflejo de sentimientos reprimidos, sino más bien una acción premeditada y planeada que tiene la finalidad de realizar un daño – ya sea psicológico o físico – por puro placer.

Las discusiones son una forma de manifestar la ira, en donde estos altercados verbales toman la forma de intercambios acalorados de ideas o argumentos, insultos, acusaciones, chistes, comentarios sarcásticos y menosprecio hacia el físico o habilidades del otro. Todas constituyen algún grado de agresión. Un ejemplo de esto son los debates presidenciales, una forma de agresión que es aprobada por la sociedad. Los candidatos sueltan todo tipo de comentarios sarcásticos, acusaciones y chistes con el objetivo de dejar en ridículo a su rival y disminuir su autoridad. Como podemos ver ya no se necesita de demostraciones de fuerza física ni de destreza en una lucha para ganar el clamor público. Basta con socavar a su adversario con distintas herramientas de la comunicación oral y corporal, posicionándose a sí mismo como la mejor opción a elegir. Se puede ser agresivo con la postura, gestos o incluso la mirada, los políticos son bastante conscientes de estos métodos y son entrenados para utilizarlos para ganar el apoyo público.

No es para nada recomendable entrar en un conflicto físico, ya que diversos estudios indican que en un estado de excitación emocional nuestra capacidad de pensar racionalmente se ve afectada. En situaciones como estas es donde prima el instinto y la toma de decisiones coherentes disminuye, lo que nos induce a realizar acciones que pueden tener severas consecuencias en nuestro bienestar o en el de los demás. Así que mi recomendación es evitar este tipo de peleas y que se usen únicamente como último recurso.

CAPÍTULO III:

LAS SEÑALES DE LOS OJOS QUE REVELAN LAS VERDADERAS INTENCIONES

¡OJO CON LO QUE HACES!

Seguramente se preguntaba porque en el primer capítulo no aparecía un mini resumen sobre los ojos como con otras partes del cuerpo. Esto es debido a que esta parte del cuerpo posee tantos movimientos e interpretaciones que serían difíciles de resumir en unas cuantas palabras que abarquen una sola página.

Quiero aclarar que analizar a las personas consiste en una serie de señales en conjunto que envía todo su cuerpo y no solamente en un gesto o una mirada. Es por eso que se debe tener pleno conocimiento de estos indicadores no verbales, ya que suelen aparecer en conjunto y en muy raras ocasiones se manifiestan en solitario.

Famosa es la frase del conocido narcotraficante Tony Montana en la película Scarface[4]: "The eyes chico. They never lie"[5]. ¡Y cuánta razón tuvo en ese momento!

Está muy difundido el mito de que con solo observar la mirada de nuestro interlocutor podremos adivinar sus intenciones, pensamientos, emociones e incluso saber si nos está diciendo la verdad, pues ¡Nada más lejos de la realidad! Desviar la mirada es una de los incontables gestos que posee una persona durante una interacción social, se puede deber a que una cosa le llamó la atención durante un breve periodo de tiempo, porque sufre de ansiedad o es muy insegura y le cuesta mantener contacto visual o que usted mismo con su comportamiento y señales no verbales que envía esté intimidando a la persona. Por eso creer que con detectar una mirada evasiva ya se descubre la mentira es una falacia que lamentablemente está bastante extendida entre los países.

Siendo honestos detectar un engaño es muy difícil, muchísimo más que interpretar de forma

---

[4] Bregman, M. (productor) y De Palma, B. (director). (1983). Scarface [Cinta cinematográfica]. Estados Unidos: Universal Pictures.
[5] Traducción: Los ojos, chico. Nunca mienten.

precisa los comportamientos de una persona. Toda respuesta fácil y sencilla con respecto a la detección de mentiras a través de los ojos no es más que malinterpretaciones o creencias erróneas originadas hace décadas. Por esta razón usted no debe presionar a su interlocutor simplemente porque no puede verlo a los ojos o su atención se desvió por unos segundos, lo más probable es que consiga que la otra persona entre en un estado de estrés y se paralice, haciéndola sentir incómoda por tener que pasar por una situación innecesaria.

Es por eso que nuevamente se le pide encarecidamente al lector que no realice daños a terceros y sea consciente de que este libro ofrece un enfoque realista y razonable, que el conocimiento dado aquí debe complementarse con más información para lograr la correcta interpretación.

LA MENTIRA

El engaño es un tema bastante apasionante, enigmático y poco claro. Miles de científicos trabajan día a día para ofrecer conocimiento y métodos confiables para detectar una mentira. Incluso el polígrafo – conocido como "detector de mentiras" – únicamente tiene una efectividad del 72%. Muchas personas se estresan y ponen nerviosas al someterse a este aparato, lo que altera la fiabilidad de las respuestas y los datos que ofrece la máquina.

Incontables son los estudios que demuestran cómo la gente miente con frecuencia ¡Incluso en contextos donde no es necesario! Así es, quien no ha dicho una mentira inofensiva, ya sea cuando comió algún alimento que no debía o rompió algún objeto importante, hasta incluso a nosotros mismos nos mentimos varias veces a la semana. Por suerte, para nosotros y los demás, prima la creencia de que la verdad prevalece sobre la mentira y que siempre nos dicen la verdad ¡Imagina como sería el mundo de ser al revés! Pero eso no quita que desde hace miles de años, las personas acudan a diversos métodos o técnicas con tal de descubrir una mentira, ya sea la adivinación, tirada de cartas, lectura de palmas, el espionaje e incluso revisar los bienes personales de otra persona. Por eso la gente se ve tan atraída a esos libros tan reveladores que le darán el "secreto" de cómo detectar el engaño. Pero como hemos dicho, ningún método es infalible y 100% efectivo.

LAS PUPILAS

Nuestros ojos revelan mucha información útil acerca de nosotros, esto es debido a que nos es imposible controlar sus distintas reacciones y movimientos en ciertos casos. Nuestros ojos filtran la luz solar y el cerebro es el que procesa toda la información que reciben nuestros ojos. Es por eso que nuestros globos oculares reaccionan a los distintos entornos y cantidad de luz. La pupila es la que regula el paso de la luz: en entornos de escaza luminosidad nuestra pupila se agrandara para permitir que entre la máxima cantidad de luz posible; mientras que en otras ocasiones cuando por ejemplo nos da una fuerte resolana en el rostro, la pupila se contrae con el fin de proteger nuestros ojos de los daños que puede ocasionar la luz solar.

No tenemos el control consciente sobre nuestras pupilas, es por eso que son una fuente confiable y honesta sobre las señales no verbales que da el cuerpo. Aunque estas reacciones son difíciles de ver, por el tamaño de las pupilas y porque en personas de ojos de color oscuro se dificulta esta tarea.

Los científicos han descubierto que nuestras pupilas se dilatan al ver algo que nos gusta (por ejemplo la persona que nos gusta) y se contraen al ver algo que nos desagrada.

Nuestros ojos se abren de par en par cuando nos excitamos o nos sorprendemos, esto sucede para que entre la mayor cantidad de luz posible y así llegue la máxima cantidad de información posible a nuestro cerebro para que la procese y analice la situación. Aunque si en nuestro visual se encuentra algo de nuestro desagrado las pupilas vuelven a contraerse en cuestión de segundos. Cuando las pupilas se contraen lo que está en nuestro campo visual queda enfocado con mejor precisión, vemos con más claridad y nos permite defendernos o escapar con mayor eficacia. Para darte un ejemplo y entiendas cómo funcionan las pupilas: seguramente te ha ocurrido que alguna vez tuviste que ver algo a lo lejos que no podías distinguir con claridad, o si sufres de miopía o astigmatismo y no llevabas tus lentes a mano, seguramente tu primera reacción es la de entornar los ojos para observar aquello que antes parecía borroso.

También es bastante usual que una persona entrecierre los ojos cuando nota algo sospechoso u observa alguna amenaza. Este gesto es bastante utilizado en los dibujos animados, cuando un personaje tiene una leve sospecha o divisa a su enemigo su reacción es la de entornar los ojos mientras lo observa.

LOS BLOQUEOS VISUALES

En el capítulo anterior, cuando hablamos sobre la «reacción de huida y lucha», nombramos como una de las formas de "huir" de la realidad que nos desagrada es la del uso de los bloqueos visuales. Aquí ampliaremos sobre este mecanismo y daremos una descripción más detallada sobre este reflejo inconsciente. Entrecerrar los ojos, la disminución de su tamaño, la contracción de la pupila o usar nuestras manos para frotarlos u ocultarlos son todos comportamientos de bloqueo que indican preocupación, disgusto, desacuerdo o percepción de una posible amenaza.

Este repertorio de reacciones no verbales es tan amplia y se usa tan frecuentemente que son pasadas por alto o la gente ignora su significado. Los comportamientos más usuales de bloqueo visual son taparse los ojos con una o ambas manos (esta última usada por niños), un breve contacto con los ojos durante una conversación, cerrar los ojos y que su tiempo de reapertura sea más elevado del normal o incluso cerrar los ojos haciendo fuerza. Piensa durante un momento sobre aquella vez que recibiste una noticia tediosa o que te generó inconformidad, seguro tu respuesta fue la de cerrar los ojos durante un tiempo más largo de lo usual acompañado de una profunda inhalación y fuerte exhalación. Esto es un claro indicador de la disconformidad que te generó la noticia y como recurriste a cerrar los ojos y a respirar de esta forma para liberar la tensión que se te había acumulado dentro del cuerpo por un momento.

Si estos bloqueos visuales ocurren luego de algún acontecimiento significativo que hayas observado, debería ser un indicador de que algo relevante ha sucedido con el estado emocional de la persona.

EL COMPORTAMIENTO DE LA MIRADA

Para cada situación hay distintas miradas, cada una expresando diferentes pensamientos y emociones. Las parejas así como las madres y los hijos se miran directamente a los ojos con mucha frecuencia, en una clara señal de confianza y amor.

Pero no todas las miradas son de ternura y cariño, las personas violentas así como los depredadores sexuales suelen emplear miradas directas y amenazadoras con la finalidad de amedrentar a su víctima y disminuir su confianza. Es así como con potentes miradas se puede comunicar amor, odio o dar señales de amenaza. Generalmente estas miradas están acompañadas con otros gestos faciales, sonrisas y movimientos de las cejas.

Apartar la mirada no es un sigo de engaño o desinterés, sino que puede ser una muestra de ansiedad, bienestar, o inseguridad. Mirar hacia abajo o los costados no siempre es una señal de que se oculta algo, sino que la otra persona está procesando algo o que se va a manifestar algún sentimiento. Las personas con trastornos de ansiedad y muchas inseguridades suelen desviar la mirada producto de sus constantes pensamientos invasivos. Desviar la mirada en presencia de alguien de confianza puede significar sentirse a salvo y seguros de no tener que mirar a la otra persona todo el tiempo, esto lo hacemos porque nos sentimos a gusto y porque no detectamos ninguna amenaza.

En una entrevista de trabajo lo más seguro es que veas directamente al rostro del entrevistador. En la cultura del trabajo desviar la mirada o recorrer la habitación con tus ojos es sinónimo de falta de respeto, desatención y poco interés en el trabajo, aun así si solo estuvieras observando por mera curiosidad.

PESTAÑEAR

El ritmo de nuestro parpadeo siempre es constante y se mantiene así durante todo el día. Cuando sufrimos de cambios emocionales este puede variar. Preocupaciones, el estado de excitación, el nerviosismo y estar inquieto genera que nuestros pestañeos sean más intensos y constantes.

Pestañear reiteradas veces en un lapso de tiempo después de que alguien nos dice algo es un gesto bastante común para expresar nuestro desconcierto o desagrado sobre aquello que escuchamos. El desconcierto generalmente viene acompañado de leves menos de la cabeza hacia los costados, como señal de querer "despabilarnos" y lograr entender lo que se nos dice. Mientras que el desagrado está acompañado de "sonrisas" falsas y exageradas.

DICCIONARIO SOBRE LOS OJOS

A continuación le dejaremos un pequeño diccionario y significado sobre todos los gestos y movimientos más frecuentes de los ojos y los músculos circundantes.

Ojos relajados: es una muestra de comodidad y confianza en uno mismo. Cuando estamos relajados los músculos de los ojos y los que se encuentran a su alrededor están distensionados, pero apenas nos estresamos o algo nos molesta se tensionan fácilmente.

Temblores en los párpados: debajo de nuestros ojos se ubican pequeños músculos que son muy susceptibles al estrés, el miedo y la preocupación. Por lo cual cuando estos están bajo una constante carga de estrés, nuestros parpados – ya sea los inferiores o superiores – empiezan a temblar incesantemente.

Contacto visual: en algunas culturas ejercer contacto visual con otra persona puede ser una muestra de falta de respeto, sobre todo si es con extraños. Siendo que en algunos países conocidos evitan ejercer contacto visual en público porque sería considerado una grave falta de respeto. Mientras que en otras culturas mirar fijamente a otra persona puede ser una invitación a un enfrentamiento físico.

Bajar las cejas: este gesto utilizado por los humanos es una muestra de dominancia y agresión hacia otros. Diversos estudios realizados en distintas especias de primates mostraron que este mismo gesto es interpretado de la misma manera que lo hacen los humanos. También se ha encontrado que quien levanta las cejas de forma intencional es percibido como sumiso, mientras quien las baja es percibido como agresivo.

Inclinar la cabeza y mirar desde abajo: este es otro gesto que es tomado como una señal de sumisión. Adoptar este gesto da una apariencia "infantil", esto sucede porque los infantes al ser mucho más chicos en estatura siempre tienen que mirar desde abajo al adulto.

CAPÍTULO IV:

LAS SEÑALES QUE LO DICEN TODO

Si te pregunto cuál crees que es la parte del cuerpo que mayor cantidad de información revela sobre una persona probablemente me respondas que los ojos o incluso las manos. Pero no te sorprendas cuando te diga que estas equivocado. Las piernas y pies son nuestras partes del cuerpo que mayor sinceridad tienen a la hora de revelar nuestras verdaderas intenciones. Y mientras sigues leyendo seguramente ahora te preguntes: ¿Cómo es posible esto? A continuación pasaré a explicarte y compartirte valiosa información que te ayudara a comprender como los pies son tan buenos indicadores sobre las intenciones de las personas.

LOS MÁS RÁPIDOS DEL OESTE

Millones de años de evolución nos han otorgado pies y piernas únicos dentro del reino animal. No solo nos permiten caminar de forma erguida y otorgarnos un campo visual privilegiado sobre nuestro entorno, sino que liberaron nuestras manos del suelo para

73

realizar diversas tareas que nos ayudaron a modificar el ambiente que nos rodea. Pero así como nos ha otorgado ventajas de gran ayuda, estos cambios significativos en nuestra anatomía nos han despojado de otras habilidades que eran de vital supervivencia para nuestros ancestros.

Los arboles eran los refugios más frecuentados por nuestros antepasados homínidos. La locomoción cuadrúpeda les permitía alcanzar estos "bunker" con extrema velocidad y facilidad. Podemos ver como nuestros, los chimpancés aun cuentan con estas habilidades. Las articulaciones y disposición de los huesos en sus extremidades les permiten realizar saltos de gran altura, colgándose de los árboles y balaceándose con gran facilidad entre las ramas de estos. Cuando nuestros antepasados abandonaron el andar en cuatro patas para ser bípedos perdieron la facultad que aun poseen los chimpancés. Pero, sus pies se adaptaron a las numerosas amenazas que aparecían en los largos recorridos que debían realizar en búsqueda de comida. Estas zonas reaccionaban al instante y más rápido que el resto del cuerpo ante los depredadores del entorno. Es por eso que los pies dan indicios claros acerca de las intenciones de la persona y la acción que desea realizar.

Estos métodos de supervivencia tan eficientes nos fueron legados, estando presentes a día de hoy en nuestras distintas interacciones a pesar de que los peligros no sean los mismos. Como vimos en el capítulo II, nuestro instinto actúa de la siguiente manera: parálisis, huir y luchar. Y nuestras piernas y pies no son la excepción a la regla. Este mecanismo evolutivo – al igual de todos los mecanismos que hemos hablado anteriormente – es inconsciente e instantáneo. Nuestro cerebro envía órdenes y señales que tardan milésimas de segundo en llegar a la otra punta del cuerpo, algo realmente asombroso.

Este método de supervivencia no solo aseguraba el bienestar del individuo, sino que actuaba como un efecto dominó, cuando un humano se paralizaba o huía el resto lo imitaba. Estos comportamientos suelen observarse hoy en día en distintas especies del reino animal, incluso en el humano.

Probablemente de más joven hayas jugado a las escondidas con tus amigos o familiares, y más de una vez te habrás refugiado con otra persona en un mismo escondrijo. Trata de recordar cuando avanzaban a hurtadillas de a dos o más, seguramente se te venga a la cabeza la imagen de como todos – incluido tu – imitaban los movimientos del que encabezaba la fila. Si él se detenía, todos los hacían, si iba más lento, todos desaceleraban su andar, si se daba vuelta y echaba a correr no era necesario que gritara una orden, todos imitaban el lenguaje corporal. Este es un método bastante utilizado en las fuerzas policiales o en las milicias cuando patrullan o están por realizar un asalto táctico. Sin ir más lejos, si hoy en día tú observas un tumulto de gente despavorida corriendo en dirección contraria a la tuya, es muy poco probable que sigas tu camino sin preocuparte, seguramente te unas al fervor de la masa y escapes a la amenaza que no conoces.

Esa capacidad de comunicarse de forma no verbal garantizó la supervivencia de nuestra especie, y a día de hoy, a pesar de que las circunstancias son totalmente diferentes, nuestras piernas y pies siguen reaccionando ante las circunstancias amenazantes o estresantes, y dan claros indicios sobre las emociones, ya sean negativas o positivas.

Cuando alguien está triste es común que su andar sea lento, torpe, desanimado, arrastrando sus pies tal cual como una babosa. Mientras que las manifestaciones de felicidad más conocidas son los saltos y los bailes, los pies se mueven de forma enérgica realizando distintos movimientos tratando de vencer a la gravedad y despegarse del suelo. Los niños son el claro ejemplo de esta manifestación de alegría, ya que al no tener desarrollado todavía la parte del cerebro que les otorga el raciocinio, es más frecuente que sus acciones estén influenciadas por sus impulsos más arcaicos. Un ejemplo común es cuando llevas a tu hijo o tu hermano pequeño al parque de juegos o a la plaza, notaras como en el trayecto sus pies están más activos que otras veces y quieren desprenderse de tu agarre, dando claros indicios de sus intenciones y su incapacidad de contenerse. Entonces ahora entendemos, como nuestras piernas y pies son los más veloces y los primeros en reaccionar ante las distintas circunstancias que se nos presentan.

PIES INQUIETOS

Seguramente habrás escuchado esta expresión, ya sea dicha por tus familiares, amigos o algún desconocido, hasta incluso puede que dirigida hacia usted. «Que pies inquietos tienes» o «Que inquieto que estás» son las expresiones más utilizadas por alguno de los padres para dirigirse a sus hijos cuando estos están altamente activos. ¿Pero por qué es tan difícil controlar nuestras piernas y pies? No es de extrañar que desde chicos aprendamos a realizar distintas muecas y gestos faciales, a controlar nuestras expresiones faciales "a piacere", ya sea por orden de nuestros padres cuando poníamos una cara de disconformidad, o por puro divertimento, colocándonos frente al espejo a realizar caras divertidas. Hay que recalcar que esta es una habilidad que también debemos de desarrollar en pos de mantener cierta armonía en los distintos círculos sociales, fingiendo emociones que seguramente no sintamos. Es increíble la cantidad de horas y atención que le dedicamos a nuestro rostro. En toda interacción social el foco principal siempre es el rostro, pero, como consecuencia no se le da la suficiente importancia a otras partes del cuerpo como las manos, el torso y las piernas.

Mientras que con nuestro rostro podemos fingir alegría, tristeza, sorpresa, incluso sonrisas, nuestras piernas y manos manifiestan la timidez, alegría, dolor, felicidad, agitación, inquietud, miedo, tensión y otras tantas emociones.

Ya descifradas las cuestiones relacionadas con estos enigmas, ahora vamos a entrar de lleno en estas partes tan peculiares de nuestro cuerpo.

MOVIMIENTOS REVELADORES

Felicidad: que los pies y piernas se muevan enérgicamente o "salten" de alegría son claros indicios de felicidad. En el Póker a esto se lo denomina «**Happy feet**», que traducido significa "**Pies felices**". Es un claro indicio de que la persona vio o escucho algo importante que tuvo un impacto emocionalmente significativo en su cuerpo, es una señal de que posee mucha confianza y está a punto de lograr su cometido o que está en una clara posición ventajosa con respecto a alguien más. Podrás observar este comportamiento en reencuentros, en juegos de azar dentro de los casinos o incluso en las gradas de partidos de distintos deportes.

Para que este método de detección sea efectivo, antes debes conocer el comportamiento de los pies de una persona, observar sus movimientos de forma minuciosa para conocerlo a fondo. Cuando se presente este movimiento lo reconocerás con gran facilidad.

Además que no es necesario estar viendo fijamente a sus pies ¿Cómo? Simplemente debes de observar el torso y las prendas que lleva puesto. A pesar de que los movimientos de los pies felices no son exagerados, sino más bien sutiles y suaves, notarás cuando una persona mueve los pies de forma incesante o los desprende del suelo. Sus prendas, hombros y torso se moverán al compás de los pies y delatará su estado emocional.

Antes de avanzar hay que destacar que esto debe ser puesto en contexto. Mover las piernas y pies de forma incesante no siempre es un claro indicio de los pies felices. Por eso debes estar atento si la intensidad de su movimiento aumentó después de que la persona oyó o vio algo de suma importancia.

En cambio hay personas que tienen severas enfermedades que afectan sus capacidades motrices, lo que les produce movimientos involuntarios en varias de sus extremidades.

También hay que destacar que mover las piernas de forma incesante puede ser solo una señal de impaciencia o nervios. Esto puede observarse en los trabajadores que se sitúan las oficinas de distintas compañías, en personas que aguardan resultados de estudios importantes fuera de consultorios médicos o incluso en alumnos – de colegios o universidades - próximos a rendir un examen o a que finalice la clase.

PIES QUE SE QUIEREN IR

Girar los pies: los pies siempre apuntan hacia aquello que nos gusta o nos resulta agradable, ya sea objetos o individuos con los que nos relacionamos. Es muy común que estés caminando por la calle, ya sea en un andar moderado o rápido, veas algo que te llama poderosamente la atención y casi sin quererlo, instantáneamente nuestros pies aplican el freno de mano y una vez que nos detuvimos comienzan a apuntar hacia el objeto de interés o deseo. Esta información también la podemos aplicar a las relaciones sociales. Seguramente te has encontrado con algún conocido que deseas evitar a toda costa y tu primera reacción es agazaparte para evitar ser visto y que tus pies cambien de dirección para encontrar un camino alternativo. Así como también te ha sucedido de acercarte a un conocido y estas fueron sus dos posibles respuestas: si apenas volteó su cuerpo y sus pies apuntaban en otra dirección es una clara muestra de que tu presencia no era bienvenida en ese momento; en cambio sí volteó todo su cuerpo con sus pies apuntando hacia ti, seguramente se dieron un saludo de lo más amistoso, dejando entrever que tu presencia era de su agrado.

Mientras hablamos también se manifiestan diversos comportamientos de los pies. Generalmente el torso y la cabeza siempre apuntan hacia el otro interlocutor, pero en caso de notar que los pies se mueven hacia otra dirección – sobre todo hacia el lugar donde está la salida – es una señal de que la persona desea retirarse de aquel lugar. Probablemente usted ha realizado este gesto en reiteradas ocasiones, cuando estaba demasiado cansado o tenía apuro por visitar otro lugar, y una persona no finalizaba la conversación atrapándolo en un sinfín de palabras interminables. Seguro rememorará como su cuerpo apuntaba hacia la persona y mantenías tus ojos en su rostro, pero tus piernas comenzaban a inclinarse gradualmente hacia la salida, dando claros indicios de tus verdaderas intenciones: que estabas ansioso por "huir" del lugar y de la conversación. Ahora caerás en cuenta que mientras más tiempo abarcaba la conversación, tu cuerpo se inclinaba más y más, siendo tus gestos y posición corporal cada vez más evidentes.

Por eso los pies indican las intenciones reales de las personas. Si el individuo gira en reiteradas ocasiones un pie apuntando hacia otra dirección que no sea tu posición, es un claro indicador que quiere marcharse o estar en otro sitio.

Pequeños apretones: cuando no ha sucedido que estabas sentado cómodo en tu sillón, viendo tu programa favorito en la televisión o leyendo tranquilamente ese libro que tanto te apasiona, hasta que te llaman desde la otra habitación requiriendo tú presencia. Inclinaste tu torso hacia adelante mientras colocabas tus manos en tus rodillas – o en el apoyabrazos del sillón – apretaste de forma suave con ambas manos y los usaste para impulsarte y pararte. Este es un gesto típico en muchas personas, especialmente en personas mayores que deben de utilizar sus propias rodillas u objetos cercanos para hacer apoyo y lograr incorporarse.

Ahora bien ¿Qué significa esto? En reuniones, entrevistas o encuentros inclinarse de esta forma y colocar el peso de nuestro cuerpo en las piernas mientras se está sentado es una clara señal del inconsciente de querer concluir aquel encuentro y marcharse. Cada día más sectores de Recursos

Humanos están al tanto de las distintas señales que envía nuestro cuerpo, y son métodos eficientes que utilizan para analizar al entrevistado y obtener un perfil más completo acerca de su personalidad y el interés sobre la oferta laboral. Es por eso que aconsejo fuertemente que evites a toda costa esta posición, a menos que claro, no quieras quedar en ese puesto de trabajo.

LOS PIES ANTIGRAVEDAD

Cuando estamos felices y la alegría rebalsa nuestro cuerpo lo demostramos desafiando los límites que nos impone la gravedad. Queremos despegarnos del suelo y alzarnos lo más posible queriendo "tocar el cielo". Este se observa en los niños más pequeños cuando juegan con sus amigos o corren al encuentro de algún amado familiar. A pesar de su andar algo torpe aceleran su paso dando pequeños brincos que demuestran su entusiasmo.

Otro ejemplo bastante común es el de los deportistas. Cuando un velocista gana una carrera importante y una vez que cruzó la meta salta lo más alto que sus piernas le permiten.

En el fútbol cuando un jugador anota un gol: corre entusiasmados agitando los brazos y dando saltos de todo tipo, sus compañeros corren detrás de él imitando su comportamiento, y todo finaliza en un gran abrazo grupal. Sino en las distintas danzas, si agudizamos nuestro sentido de observación notaremos como los movimientos que componen los bailes consisten en saltos o acciones donde los pies dejan momentáneamente el suelo o que los dedos de los pies siempre tienden a apuntar hacia arriba, reflejando el estado emocional de los bailarines. Es así como estos comportamientos que vemos en los deportes, o métodos de entretenimiento no son más que manifestaciones sinceras de las distintas emociones de los humanos. Hasta usted seguro ha dado un brinco increíble cuando recibió una noticia importante que lo alegró de sobremanera.

¿Ahora se está dando cuenta verdad? Como nuestros pies van en sintonía con nuestras emociones y estados de ánimo. ¿Recuerda esa canción tan pegajosa que tanto le gusta? ¿Y recuerda cuál es el movimiento tan característico que realiza al oírla nuevamente? Exacto, seguro mueve sus pies de forma alegre, de un lado a otro, de arriba hacia abajo o al compás de la canción. También sucede cuando las personas cuentan un relato emocionante, ya sea estando sentadas o paradas, sus piernas tienden a moverse debido a la exaltación buscando extenderse de acuerdo a los momentos de la historia.

PIERNAS PEGADOS AL SUELO

En personas tristes o que sufren de depresión clínica es común notar ciertas señales en su lenguaje corporal. Seguramente el torso se encorve, el cuello se incline, los hombros estén caídos, y tanto brazos como piernas se vean atraídos por la gravedad, no habiendo resistencia alguna de estas extremidades. Esto es debido a la falta de energía y de vitalidad en el cuerpo, aquel que padezca de esta condición no hará esfuerzo alguno porque se encuentra "abatido".

Es importante recalcar nuevamente que todo debe ser puesto en contexto. Que una persona tenga el torso encorvado solo puede ser por problemas de salud referidos a su columna, dolor de espalada o una clara señal de aburrimiento y hartazgo. Por eso volvemos a hacer énfasis en lo importante que es la observación y conocer el entorno y la situación para evitar malentendidos.

PIERNAS ABIERTAS

Los humanos pueden volverse altamente territoriales cuando se encuentran estresados, disgustados, bajo presión, tristes o cuando se ven amenazados. En todos los casos el humano adoptara ciertas posturas y realizará ciertos comportamientos con el objetivo de reestablecer el control dentro de su territorio.

Fuerzas policiales y de la milicia conocen y utilizan estos métodos como claras manifestaciones territoriales y demostrar que están al mando.

Abrir las piernas te permite tener más equilibrio en caso de un eventual conflicto físico, además de extender tu zona de presencia física y de espacio personal. Esta postura es adoptada en situaciones de alta tensión, nunca verás dos personas enfrentadas verás que es muy común que adopten este comportamiento. Sino también es bastante frecuente verlo en las artes marciales, colocar las piernas de esta forma otorga mejor equilibrio, mayor resistencia en el cuerpo, más alcance y permite que nuestros brazos y piernas puedan maniobrar y desplazarse de forma veloz y ágil. Una persona con las piernas abiertas seguramente oponga mayor resistencia y sea más fácil de derribar que aquella con las piernas juntas o cruzadas.

Es por eso que usar este gesto en situaciones de peligro o para mantener el orden en situación tensa puede ser una buena idea. Aunque no es recomendable adoptar esta postura en una charla pacífica y gentil, ya que estarás mandando un mensaje erróneo para el contexto y tu interlocutor interpretará que algo anda mal.

PIERNAS CRUZADAS

Si abrir las piernas es un gesto que nos prepara para cualquier eventual amenaza y extiende nuestro rango territorial, entonces cruzarse de piernas es una señal de todo lo contrario. Como hemos dicho anteriormente, cruzarse de piernas reduce tu estabilidad y equilibrio, disminuyendo las probabilidades de reaccionar de forma instantánea y veloz ante un peligro. Cuando realizamos este gesto en presencia de otra persona es un indicio de la seguridad y comodidad que te proporciona que este ahí. Demuestra un bienestar interno, donde no tememos miedo de estar en determinado sitio o con determinada persona. Aunque probablemente te deshagas de esta postura si entra algún desconocido, esto es una señal de tu cerebro indicando que no debes correr ningún riesgo y debes minimizar tanto las posibilidades de ataque como de daño.

Entonces adoptar esta postura de una buena forma de comunicar un sentimiento positivo a través del lenguaje no verbal. Te invito a que la próxima vez que te reúnas con tus amigos más cercanos o tus amados familiares, prestes especial atención cuando cruzan las piernas y hacia apuntan estas.

ANDARES

Varios especialistas afirman que existen aproximadamente cuarenta estilos diferentes de andar. Sería un error pensar que la forma de caminar no revela estados de ánimo, intenciones y actitud. Seguramente que tu andar no es el mismo cuando regresas cansado pero feliz a tu casa un viernes después de una larga semana de trabajo, a cuando debes ir a tu oficina un lunes por la mañana después de haber disfrutado del fin de semana que te resulto bastante corto.

Cojear, arrastrar los pies, la velocidad del andar, dar vueltas, caminar en zigzag o recto, todos estos estilos son únicos y revelan muchísima información sobre la persona que los emplea. Tu andar habitual cambiaría radicalmente si recibes una noticia triste o una noticia alegre, ambas van a influenciar en tu estado de ánimo provocando una serie de cambios, no solo en tu manera de caminar, sino en tus expresiones y movimientos.

Trayendo a colación nuevamente a las fuerzas de seguridad, ellos tienen un fuerte entrenamiento para poder diferenciar un andar natural de uno fingido. Los criminales suelen fingir estar yendo a un sitio determinado, o dar un paseo, pero, las manifestaciones inconscientes son tan poderosas que su cuerpo da claras señales de que algo no anda bien. Incluso usted seguro ha presenciado el comportamiento sospecho de algún criminal. Por lo general dan vueltas a la manzana buscando nuevas víctimas, su andar es inconstante y se alterna entre veloz y lento, se los nota tensos y nerviosos. Muchas veces su postura cambia por un reflejo inconsciente, en ellos se activó la respuesta de «lucha o huida», haciendo que se agazapan con la finalidad de no ser vistos y no llamar la atención, así como también se tensan en caso de que tengan que luchar, pero provocan todo lo contrario a no ser el foco de atención, ya que cualquier persona es capaz de leer de forma inconscientemente estas señales.

PIES INSEGUROS

Que una persona gire los pies hacia dentro y los retrotraiga hacia su cuerpo es una señal de que se siente inseguro, inquieto o amenazado. También puede significar que la persona esté mintiendo. Cuando alguien trata de ocultar algo lo más común es que trate de controlar todos sus movimientos. Por eso si usted le hace frente a una persona para sacarle una verdad, y nota este gesto significa que se está conteniendo y que se paraliza conscientemente con tal de no mostrar su nerviosismo latente.

Una persona tensionada seguramente trate de ocultar sus pies y como respuesta del mecanismo de «lucha o huida» sus piernas tomarán distancia de aquello que le genere incomodidad o rechazo.

CAPÍTULO V:

ANÁLISIS DEL COMPORTAMIENTO

El estudio del comportamiento es un tema de interés que inicio hace casi dos siglos, exactamente en el año 1872 Charles Darwin publicó "La expresión de las emociones en los humanos y los animales". Este libro fue pionero en su campo, más allá de que no tuvo tanta repercusión. Sirvió de base para los posteriores estudios que realizó Freud, así como también para los más famosos psicólogos. Hoy ya hay una rama asentada dentro de la Psicología que se encarga del comportamiento humano. Aunque cabe aclarar que el estudio del comportamiento humano abarca muchas más disciplinas que solamente la Psicología, como la Medicina, la Neurociencia y otras tantas más.

Es por eso que ahora vamos a abordar dos conceptos muy interesantes: la proxemia, que es el espacio que rodea nuestro cuerpo que consideramos como personal y la háptica, conocida como la ciencia del tacto.

EL HUMANO COMO ANIMAL TERRITORIAL

Puede que algunos se sorprendan cuando diga que el humano es un animal bastante territorial. Probablemente cuando se hable de territorialidad se le venga a la mente un gorila enojado que se golpea el pecho al divisar una posible amenaza o un león rugiendo cuando se enfrenta a un contrincante de su misma especie por el dominio de la manada o de una parcela de tierra. Pero los humanos también tienen sus comportamientos para marcar territorio o lugares predilectos en los cuales se siente más a gusto, y es bastante receloso a la hora de defenderlos o cuando alguien invade su espacio. Aunque el contexto de la sociedad moderna no admite comportamientos violentos, el humano ha logrado adaptarse a esta situación.

Esta territorialidad ya muestra sus primeros indicios en infantes de entre 2 y 5 años. Sus padres le habrán contado como de más pequeño usted era reacio a compartir sus juguetes, lo cual es bastante común en los seres humanos de esa edad. Luego en el proceso de socialización el infante dejará de lado estos comportamientos tan egoístas. Es preferible que esta conducta sea suprimida y que todo humano aprenda los dones de la convivencia y de compartir, sino cuando ya sea adulto no haber aprendido de estos valores puede llevar a que se presenten graves problemas en las relaciones interpersonales y en el comportamiento cotidiano.

A pesar de que los procesos de socialización enseñan ciertos valores y pautas, y dejan por sentado las normas de convivencia, no logran borrar del todo el comportamiento territorial. Un ejemplo claro de esto sucede en el hogar. Seguramente usted tenga su propio cuarto, con todos sus bienes personales, y así sucede con todos los integrantes de la familia. Es normal que usted tenga un lugar preferido dentro de la casa para pasar el tiempo a solas y disfrutar de la tranquilidad, ya sea su habitación o algún otro cuarto. Cuando este espacio es "invadido" por otros integrantes de la familia sentirá como se activan ciertos mecanismos de defensa y de alguna forma se siente perturbado por la presencia de terceros, su primera reacción consiste en el enojo y en querer hacer valer su espacio, pero, como es su familia usted será permisivo. Sino el caso más típico es el de los adolescentes, que cuando entran en esta etapa de su vida se desencadenan una gran variedad de procesos físicos, psicológicos y hormonales que hacen que haya cambios constantemente en sus comportamientos. Seguro su hijo que antes compartía más tiempo con sus padres ahora quiere estar solo, su cuarto se convierte en una especie de "templo sagrado" intraspasable e incluso se enojará ante las demostraciones afectivas o comportamientos no solicitados que invadan su espacio personal. Si su hijo antes compartía habitación con algún hermano o hermana, ahora habrá constantes discusiones acerca de la ropa, las zapatillas, la disposición de espacio, el tiempo a solas y una larga lista de problemas.

Es así como el ser humano mediante el uso del espacio regula su territorio y lo defiende cuando este es "invadido". Ahora entendemos como el uso y la percepción que le da una persona al espacio personal nos dice mucho de su comportamiento. Y en la siguiente sección vamos a abordar con más profundidad este tema.

NUESTRO ESPACIO PERSONAL

Edward T. Hall fue el primero en desarrollar el concepto de «proxemia» y desarrollar sus distintos usos en las relaciones interpersonales. Hall clasificó el radio de distancia entre las personas del siguiente modo: espacio íntimo, espacio personal, espacio social y espacio público.

El **espacio íntimo** está reservado para las personas con las que se goza la mayor de las confianzas. Este espacio comprende entre los 15 y los 45 centímetros de distancia. Usualmente es utilizado con familiares, amigos o con personas con las que se mantiene relaciones sentimentales. Este espacio permite ampliar las barreras de comunicación y utilizar métodos no verbales dentro del lenguaje del tacto como: roces, caricias, besos o abrazos.

El espacio **causal-personal** es la distancia en la que se deja entrar a personas afines a uno, compañeros de trabajo o estudio, o amigos conocidos. Son las personas con las cuales compartimos experiencias privadas pero que no llegan al grado de la intimidad. Se dan en contextos laborales, educativos, de diversión, o en conversaciones amistosas.

El espacio **social** es la distancia que mantenemos con los extraños, personas que no conocemos ni mantenemos relación alguna. Este radio de distancia es el que nos hace mantener seguros y que consideramos esencial para maniobrar a tiempo en caso de alguna amenaza.

El espacio **público** es la distancia que se usa cuando nos dirigimos a un grupo de personas. Es la distancia ideal dentro de los límites de lo audible y visible, además que nos permite mantener contacto visual con un mayor número de personas y sobre el ambiente que nos rodea. Este espacio se utiliza en conferencias, coloquios o charlas, debido a que este tipo de espacio presenta mayor número de variables, es decir, tiende a ser cambiante.

Básicamente estos postulados podríamos resumirlos en la siguiente imagen.

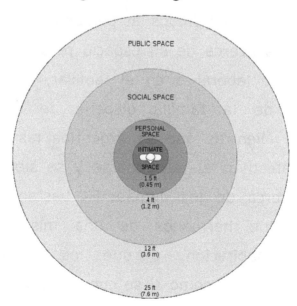

Como se observa en la imagen superior, podes diferenciar distintos "anillos" alrededor de la persona. Estos anillos representan la interpretación que el humano le da generalmente a su espacio personal. Mientras más cercano sea el anillo, más íntimo se considera ese espacio. Cabe aclarar que esto puede variar en algunas culturas y se debe adecuar al contexto. Seguramente en un autobús o en un tren completamente rebalsado de personas usted no tenga otra alternativa que dejar que completos extraños se aproximen a su «espacio íntimo». También hay que tener en cuenta las distintas diferencias culturales que existen a la hora de interactuar con otra persona. Por ejemplo, en Estados Unidos las personas son bastante resguardadas acerca de su espacio personal, ya sea en el ámbito laboral o en el familiar, donde cada integrante de la familia dispone de su propia habitación. Mientras que en Argentina las personas son más afectivas al relacionarse y se sienten más cómodas cerca de los demás. Es bastante común encontrar que hermanos de una misma familia comparten habitación, o que los extraños se relacionan entre sí como si se conociesen. En el país latinoamericano es bastante empleado saludarse con un beso la mejilla, ya sean conocidos de toda la vida o simples extraños, en cambio en EEUU esto es tomado como una falta de respeto y una invasión al espacio personal.

LA DISTANCIA COMO MÉTODO DE COMUNICACIÓN

Ahora que ya establecimos las bases de la distancia personal en las relaciones humanas pasemos al siguiente apartado. Es importante recalcar que la proxemia realiza estudios a niveles culturales, pero cuando se ha estudiado grupos de personas hay ciertos comportamientos de individuos que han llamado la atención. Ahora mismo vamos a explicar algunos de ellos.

Como vimos en la sección anterior la percepción del espacio personal no es estática, varía de acuerdo a varios factores. Esto rompe con varias creencias bastante erróneas instauradas en la sociedad: que cada persona posee un solo tipo de personalidad y que hay una sola reacción para cada causa. Seguro alguna vez habrá oído de los llamados «extrovertidos» e «introvertidos», y que cada persona puede clasificarse dentro de uno de estos grupos. Nada más alejado de la realidad. Puesto que extrovertidos e introvertidos, autoritarios e igualitarios, no son más que matices del mismo tipo de personalidad. No hay personas completamente extrovertidas o completamente introvertidas, sino que ante determinadas circunstancias se utilizan distintos mecanismos. Las personas a lo largo de su vida aprenden a reaccionar de distintas maneras de acuerdo a la situación y al ambiente, desarrollan lo llamado «personalidad situacional».

Tal como indica el nombre este tipo de personalidad es el conjunto de rasgos, patrones o estilos de comportamiento que se mantienen estables a lo largo del tiempo y aparecen ante determinada situación y contexto. Las personas tímidas no han podido desarrollar las habilidades para desenvolverse en el ámbito social, hasta incluso algunas son extremadamente reservadas en el aspecto íntimo.

El hogar otorga seguridad y protección, y aventurarse fuera de este supone enfrentarse a diversas amenazas constantes a los cuales las personas reaccionan y se defienden de distinta manera. No es necesario encontrar un lugar físico para asegurarnos protección, las solas manifestaciones de nuestro cuerpo nos permiten sentirnos protegidos y seguros. Se teoriza que cuando nos sentimos vulnerables adoptamos posiciones de nuestra infancia en búsqueda de la ayuda paternal, e incluso nos retrotraemos al estado de embarazo, adoptando posturas similares a cuando todavía no habíamos nacido

Aquellas **personas muy inseguras** de sí mismas siempre querrán evitar ser el centro de atención debido al nerviosismo que esto les genera, sumado a la poca confianza que tienen sobre sí mismos y sus habilidades.

Por eso, en las reuniones sociales podemos observar como esta clase de personas siempre eligen ubicarse en los rincones de los cuartos, con su espalda contra la pared. En caso de estar sentados siempre adoptan posturas donde sus extremidades estén pegadas al cuerpo o cruzadas, reduciendo el espacio que ocupan, en lo que se conoce como «postura cerrada». Se agazapan y reducen su movilidad con la intención de no ser vistos. Seguro esto le resulte familiar, es algo de lo que ya hablamos en el capítulo II en la «reacción de lucha o huida». Contamos como el ser humano que se siente inseguro o bajo una amenaza se agazapa y paraliza con tal de no ser visto.

Aquí ocurre lo mismo, la presencia física se disminuye, pero el radio de lo que se considera como espacio íntimo se agranda. La persona se sentirá "bajo amenaza" aunque lo vean estando a una distancia considerable u otras personas deambulen en lo que se considera como "espacio público". La distancia que pondrá entre las personas y su cuerpo será bastante considerable.

Esta reacción es bastante común en los distintos criminales que transitan en las calles o en las tiendas. Previo a cometer un crimen tratan de mantener ocultas sus intenciones, pero el lenguaje corporal nunca miente. Podemos observar cómo se agazapan y adoptan «el movimiento de la tortuga», colocando su cabeza entre los hombros, queriendo reducir su visibilidad, pero este comportamiento produce lo contrario y llaman la atención.

Lamentablemente también es una reacción bastante común en los chicos que han sufrido alguna clase de abuso físico por parte de un adulto, se agazapan o esconden cuando la persona que los ha violentado está presente, no queriendo relacionarse con esta. Por eso es importante siempre estar atento al lenguaje no verbal de los más pequeños, es su manera más natural y sincera de comunicar sus sentimientos y pensamientos.

Todo lo contrario ocurre en personas que **rebosan de confianza y seguridad** en sí mismos. El radio de lo que consideran «espacio íntimo» se ve reducido y por eso irrumpen en el de los demás. Su presencia física es más notable y siempre buscan ser el centro de atención, no les molesta ni preocupa las miradas de los demás. Por eso adoptan «posturas abiertas» comunicando sus ganas de relacionarse. No temen al contacto físico y la distancia dispuesta con otras personas es bastante acortada. Por lo general se ubican en el centro de las habitaciones, del tumulto de personas o la mirada pública, ya que esto no les genera incomodidad.

En resumen una persona insegura evitará ser notado por otras personas, mientras que alguien con confianza buscará hacer notar su presencia y extenderla.

Ya hemos visto como la distancia es vital para la comunicación en las relaciones interpersonales. Unos simples centímetros más o menos dicen mucho de una persona, así como su ubicación en la disposición espacial de una habitación. Es importante entender como una persona resguarda este espacio que rodea su cuerpo así como también el que rodea lo que considera de su propiedad.

Ahora usted será capaz de entender porque las personas tristes, tímidas o solitarias se encogen en un rincón en total soledad, mientras que la presencia de una persona sociable se hace demasiado evidente gracias a sus gestos corporales o tono de voz. No solo dispone de la información, sino que sabe que las personas agazapadas de alguna forma se sienten amenazadas y que por eso la mejor forma de entrar en contacto es siendo gentil y sin resultar invasivos para su «espacio íntimo».

EL PODER DEL TACTO

Una caricia, un apretón de manos, un abrazo, un aplauso, un choque de palmas entre dos personas, nuestros brazos y manos son participes activos en nuestras relaciones interpersonales, tanto cuando nos comunicamos verbalmente como cuando no lo hacemos. Aquí más que los gestos analizaremos los distintos niveles del tacto y como los utilizamos a la hora de enviar mensajes.

El tacto es una de las primeras herramientas de comunicación que obtuvieron nuestros ancestros, hoy siguen presentes en nosotros e incluso en muchas especies de primates. El tacto ayuda a establecer vínculos más fuertes entre conocidos, además de proporcionarnos formas de comunicación más eficientes, asertivas y que generan más confianza. Es importante recalcar que no todos se sentirán a gusto y cómodos con estas técnicas que vamos a mostrarle, ya que con lo visto en la sección anterior sabemos que hay varias personas que tienen distinta concepción acerca de su «espacio íntimo» y como este se debe abordar de acuerdo a preferencias personales o construcciones culturales. El contacto físico es la expresión última de cercanía o confianza entre dos personas. Los abrazos, besos, caricias, toqueteos, están reservados para las personas con las que se goza mucha confianza. Así como hay partes que se consideran "intraspasables" para los desconocidos. El pecho, los genitales, los muslos, los glúteos y el abdomen son las partes consideradas como vulnerables y que solo se permite tocar en determinadas circunstancias y con personas de confianza. En cambio la espalda, las manos y los brazos son las partes del cuerpo en donde un toque no será tomado como una ofensa.

Esta información le servirá para darle indicios claros sobre la cercanía entre dos personas que se relacionan y su posición en una jerarquía de poder de acuerdo a su comportamiento.

El tacto puede definirse en las siguientes categorías: funcional/profesional; social/cortés; amistoso/cálido; amor/intimidad; y sexual/estimulación.

Dentro de la categoría de **funcional/profesional** se encuentra el contacto físico que es usado frecuentemente en ambientes laborales y educativos. Este tipo de contactos se dan entre un jefe y sus empleados, tales como un apretón de manos o incluso una palmada en la espalda con objetivo de dar ánimos o felicitar por el desempeño. En el año 1977 Henley descubrió que este contacto físico entre jefe y empleado no se da en forma bidireccional. Mientras que es común que el jefe emplee este tipo de tactos, no pasa lo mismo con el empleado para con su jefe. Esto demuestra la posición de cada uno en el escalafón de poder dentro de la empresa. El jefe siempre debe estar al tanto de no traspasar los límites de la intimidad, así como estar al tanto de los niveles de tolerancia de cada uno de sus empleados. Este tipo de gestos y tactos siempre deben darse en un marco de cordialidad y aliento, y no en uno de dominación. Hay que estar alerta cuando algún superior emplea el contacto físico con el fin de amedrentar. Estas señales son claras, en donde el tacto es prolongado y antinatural, siendo excesivamente tenso y empleando fuerza de más.

En **social/cortés** Los límites pueden volverse difusos si comparamos distintas culturas. Un acto que es considerado socialmente correcto en un país, puede ser generador de problemas en otro. Comunicarse con contacto físico siempre ayuda a conformar relacionas más fuertes y de mayor confianza. Por ejemplo, en Estados Unidos tocar el antebrazo de una persona es bien visto socialmente, pero en Medio Oriente no es considerado aceptable. En Latinoamérica un beso en la mejilla es visto como un saludo cortes, pero en los países germánicos es considerado una invasión del espacio personal.

Los abrazos y las caricias ya entran dentro de lo que se conoce como tacto **amistoso/cálido.** Hay varios estudios que confirman que las caricias son un estímulo positivo que ayuda aliviar el estrés. Aunque, cabe recalcar que las mujeres fueron las que reaccionaron más positivamente al contacto, mientras que los hombres no lo hicieron, conjeturando que estos se sentían inferiores o dependientes. Es común encontrar que dentro de la familia los varones tienden a distanciarse más temprano que las mujeres de sus progenitores, lo que influye notablemente en el comportamiento adulto con respecto al tacto. Un varón que toca a otro varón mientras conversan es percibido con mayor estatus y poder social que aquellos que no lo hacen o se dejan tocar. Es frecuente observar que los varones son reacios al contacto en lugares públicos.

El contacto físico aumenta a medida que la relación se mueve de impersonal a personal, por eso en las relaciones que comprenden **amor/intimidad** son en las que hay mayor cantidad de contacto, más variado y frecuente. Tomarse de las manos, abrazos y besos en público son señales que se envían para mostrar que hay una relación establecida, sirven como una señal de atadura o posesión. Se ha estudiado y verificado que este tipo de señales son más frecuentes durante las etapas iniciales de la relación y disminuyen conforme se asiente la relación. En las etapas iniciales los varones sienten que deben mostrar

108

que poseen el control en la relación, siguiendo el «rol de hombre» que han aprendido y está establecido en la sociedad. Es decir, está bastante instaurado en muchas sociedades que el varón debe tomar el primer paso en establecer contacto y en el cortejo. Durante una relación estable de pareja es sano mantener un contacto físico frecuente entre ambos, siendo que algunas mujeres se sienten aliviadas cuando las abraza o toma de la mano su pareja. Hay que destacar que en las relaciones sanas la comunicación, contacto físico y el contacto visual se mantienen constantes a lo largo los años. Mientras que en relaciones que se están deteriorando es notable el distanciamiento físico, visual y comunicativo que ocurre en estas situaciones. Usted alguna vez habrá observado (o experimentado) estas claras señales, en que a pesar de que la relación continua hay un claro distanciamiento entre ambos miembros de la pareja que se hace evidente. La próxima vez que vaya a un restaurante tómese el tiempo de observar a su alrededor y notar el comportamiento de las parejas. Seguro descubrirá alguna mujer u hombre que se siente en profunda incomodidad con su pareja o cita: no hay contacto visual, uno de ellos u ambos retrotrae su cuerpo, la charla es inexistente o entrecortada y sus cuerpos están tensos.

La fase más íntima de contacto físico es la **sexual/estimulación.** Se caracteriza por ser un proceso de comunicación no verbal donde abundan los mensajes con el intento recibir el amor de la otra apersona. Se tratan de distintas señales esenciales diseñadas para atraer a la pareja sexual.

Podemos encontrar las "primeras interacciones" o «primer contacto». Estas pequeñas interacciones son contactos físicos "accidentales", donde se toca una parte del cuerpo y el receptor acepta o rechaza este contacto con algún otro movimiento del cuerpo. Generalmente estos contactos son roces o jugueteos de piernas por debajo de la mesa.

Los abrazos, besos, caricias y roces con alguna parte del cuerpo son mensajes muy poderosos y sinceros, que transmiten los deseos de las personas. Por eso se debe tener en cuenta que si estas señales no son correspondidas no se debe presionar a la otra persona por obtener la reciprocidad, ya que solo generara un fuerte rechazo y en algunos casos una situación de incomodidad o incluso de miedo.

DISTINTOS TIPOS DE TACTO

Usted sabrá que no todas las caricias, los apretones de mano y abrazos tienen la misma intensidad o duración. Probablemente un abrazo prolongado sea dado cuando lleva mucho tiempo sin ver a una persona o cuando no quiere despedirse de esta. Aquí vamos a analizar 5 factores que son relevantes en este apartado, los cuales son: la intensidad del tacto, su duración, la ubicación, su frecuencia y que parte del cuerpo se utiliza.

Cuando hablamos de la **intensidad** del tacto, nos referimos a la fuerza que es empleada. Este puede ir de gentil y delicado hasta fuerte y dañino. Podemos apreciar como el agarre de manos de dos personas enamoradas es suave pero firme. Este agarre se hace con la intención de estar en permanente contacto con la pareja, la de demostrar la existencia de vínculo amoroso y salvaguardar a la persona amada. Esto también se puede observar entre un padre o madre con su hijo, que siempre lo lleva de la mano con la intención de resguardarlo de distintos peligros. Muy diferente es un agarre de manos brusco y que provoca dolor, esto se hace con la intención de lastimar y amedrentar a la persona que se hiere. Es una técnica bastante usada por maltratadores, agarrar a su víctima por la mane o alguna parte del brazo, apretar con fuerza y tirar de ella. Uno puede distinguir muy claramente uno de otro.

La **duración** del contacto también es muy importante, ya que nos revela ciertas intenciones. Como ya sabemos el contacto físico es una forma de demostrar amor, por lo tanto, estar en contacto durante un tiempo prolongado es una señal de no querer dejar marchar a la persona y del gran amor que se siente.

La **ubicación** del tacto se refiere a que parte del cuerpo es tocada. Es importante observar este comportamiento, ya que como sabemos los muslos, pecho, abdomen, labios, glúteos, zonas cercanas a los genitales y los mismos genitales son zonas que "reservadas" para las personas con las cuales se comparte una intimidad muy estrecha. Hemos visto como un toque o agarre en el brazo es interpretado de distintas maneras según la cultura. Así como también sabemos que a medida que la relación pasa de ser impersonal a personal los contactos físicos se vuelven más frecuentes.

La **frecuencia** representa el número de toques que se efectúan. Con las personas de mayor confianza o intimidad estos contactos suceden más a menudo. En una relación meramente profesional los contactos entre dos personas están muy limitados, mientras que en una relación de amistad de años de duración se observará como se abrazan, tocan los brazos, comparten espacio, juegan de manos y emplean otro tipo de contactos.

Este último apartado en ingles se lo conoce como "instrument of touch", que traducido literalmente sería "instrumento de tacto". Aquí nos referimos a que parte del cuerpo se utiliza para entrar en contacto con la otra persona. En esta sección la cosa se hace más evidente, siempre y cuando se tengan en cuenta las diferencias culturales. Es obvio que usted no le proporcionará un beso en la mejilla a su jefe o jugueteara con los pies por debajo de la mesa con este.

CAPÍTULO VI:

QUE ES LA COMUNICACIÓN VERBAL

Cuando la gente reflexiona acerca de la comunicación verbal en lo primero que piensan es en el acto de hablar. Sin embargo, la comunicación verbal es aquella en la que se utilizan distintos signos lingüísticos – ya sea arbitrarios o convencionales – que expresan un mensaje en particular. Dentro de toda comunicación verbal siempre hay un emisor que produce de forma intencional una expresión repleta de símbolos y con intenciones de comunicar un mensaje. Por su parte, el destinatario debe descodificar esta expresión e inferir cual es el mensaje. Por lo tanto estamos hablando de una relación bidireccional y mutua en donde ambos participes juegan roles diferentes a la hora de establecer este tipo de relación. Es importante recalcar que en muchos casos la comunicación verbal puede ser muy ambigua, son evidentes las diferencias en los distintos idiomas que existen en el mundo.

Es importante abordar este tipo de comunicación ya que está fuertemente relacionada con la comunicación no verbal. Es decir, mientras que la comunicación no verbal puede actuar por si sola sin la necesidad de estar acompañada de algún tipo de comunicación verbal, no ocurre lo mismo con la comunicación oral. La comunicación oral siempre está acompañada de distintas señales que corresponden a la comunicación no verbal.

Dentro de la comunicación verbal existen varias etapas: fuente, emisor, código, señal, mensaje, canal, redundancia, ruido, situación, contexto y receptor (o comúnmente llamado destinatario).

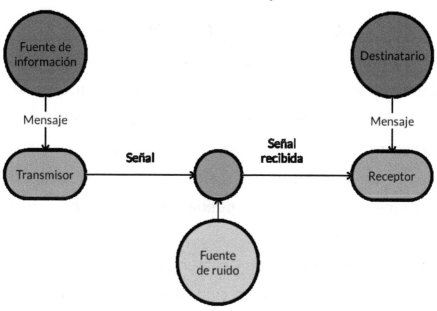

Aquí arriba podemos observar el esquema ideado por el matemático Claude Shannon en su teoría de la información. De a poco vamos entendiendo que dentro de la comunicación actúan diversos factores que nos son desconocidos en este tipo de situaciones. La complejidad de las distintas formas de comunicación es algo que se nos escapa en nuestro día a día, por eso vamos a detallar esta información con claridad.

Hay dos formas de comunicación verbal: la comunicación oral y la comunicación escrita. Nosotros vamos a centrarnos primordialmente en la primera ya que es la que está ligada al lenguaje corporal.

TEORÍA DE LA INFORMACIÓN

Anteriormente enumeramos un total de once factores dentro de la teoría de la información. Son los distintos elementos que intervienen en todos los procesos de comunicación. Posteriormente el aporte de tres importantes psicólogos hizo que la comunicación humana pueda resumirse en cinco puntos importantes:

1) Es imposible no comunicar: toda conducta dentro de la interacción humana, tiene el valor de mensaje. Es decir, es que siempre nos

estamos comunicando, toda acción, movimiento o sonido que se realice, tiene un fuerte valor comunicacional. No existe lo contrario a comunicación o a conducta. Por ejemplo: cuando usted se dirige a una persona enojada que no le quiere hablar, ya este comportamiento es una conducta que envía señales claras y tiene el valor de mensaje.

2) Todo tipo de comunicación tiene dos partes: un nivel de contenido (que es lo que decimos) y un nivel relacional (como y a quien se lo decimos), siendo que este último clasifico al primero. Es decir, que dentro de toda comunicación, además del significado explícito de las palabras, hay otro tipo de mensajes implícitos. Hay información sobre como el emisor quiere que ser entendido, y la relación que establecemos cuando emite ese mensaje. Por ejemplo, cuando el emisor dice «Cuídate mucho», dentro del nivel de contenido el mensaje sería que se desea que a la otra persona no le ocurra nada malo y tenga cuidado, mientras que dentro del nivel relacional está implícito el mensaje que nos confiere

información sobre una relación de amistad o paternalista.

3) La naturaleza de una relación dependerá de los distintos grados de comunicación que los participantes empleen entre ellos. Creer que los comportamientos de uno de los interlocutores es la causa de los comportamientos del otro es algo erróneo. Siendo que los procesos comunicacionales son más bien cíclicos y no solo de causa-efecto.

4) Los individuos utilizan dos modalidades de comunicación: la llamada analógica, que es el lenguaje no verbal, incluye contenido y contexto, lo que se quiere decir; y la comunicación digital, que son los símbolos lingüísticos o escritos, lo abstracto, lo que se dice).

5) Estos intercambios comunicacionales pueden ser simétricos o complementarios. Dependerá de si la relación entre las personas se basa en intercambios igualitarios (donde las conductas son reciprocas) o si está basado en intercambios complementarios, donde se produce un acoplamiento reciproco. Por ejemplo: una

relación complementaria es aquella entre un padre e hijo, donde se presenta un tipo de autoridad. Mientras que una relación simétrica es la que presenta individuos en iguales condiciones, hermanos o amigos.

Ahora entendemos como en los distintos tipos de comunicación actúan estos cinco puntos cruciales.

LOS ONCE ELEMENTOS

Estos once elementos juegan un rol fundamental a la hora de comunicarnos y como entendemos tanto los mensajes que enviamos como los que recibimos. Dentro de los grados de comunicación hay varios factores que pueden influir en como entendemos y enviamos nuestros mensajes, y en como el otro interlocutor recibe e interpreta esta información.

1) La **fuente**: es el contenido o la información en bruto que será transmitida. Por ejemplo: la información acerca de las temperaturas mínimas para un noticiero meteorológico.

2) El **código**: es el conjunto de signos y reglas de combinación utilizados para codificar el mensaje y luego transmitir la información según un sistema de símbolos comprensible o que resulte

descifrable tanto para el emisor como para el receptor. Ambos deben tener cierto grado de conocimiento acerca del código a utilizar para que la transmisión del mensaje sea exitosa. Siguiendo el ejemplo del parte meteorológico, los distintos códigos para expresar la información acerca del clima puede expresarse por ejemplo en Celsius o Fahrenheit. Según el código que se utilice la información siempre será la misma, pero la forma en la que es representada varía. Por ejemplo, una temperatura de 0 grados Celsius, en Fahrenheit es representada con el número 32.

3) El **emisor**: quien posee la información y hace uso de un código para elaborar un mensaje para emitirlo o transmitirlo mediante un transmisor. El emisor puede ser tanto físico como una máquina.

4) El **canal**: es el medio físico por el cual se difunde el mensaje, en el caso meteorológico seria el aire por el que se retransmiten las ondas de radio y el sonido de la televisión.

5) El **mensaje**: es la información que ya fue elaborada usando algún código. Se transmite por el emisor y es recibida por el receptor.

6) La **señal**: es la intensidad con la que se transmitió el mensaje que salió del emisor. La intensidad siempre es mayor cuando el mensaje sale del emisor que cuando llega al receptor.

7) El **contexto**: se refiere al marco lingüístico. Corresponde a los mensajes que se envían antes y después al envío del mensaje principal. El marco de referencia, las implicaciones y presuposiciones, y el universo de discurso permiten que el mensaje principal sea interpretado correctamente. Por ejemplo, cuando el meteorólogo habla de "mal tiempo" un ciudadano común lo interpretará completamente distinto que un agricultor.

8) La **situación**: se refiere a los elementos que se encuentran por fuera del marco lingüístico. Como el tiempo, el espacio y el ambiente correspondientes en el que el mensaje fue transmitido.

9) El **ruido**: refiere a todos los elementos físicos (poca o excesiva intensidad de la señal, su

adulteración o corte, interferencias o debilitamientos, sordera) o psíquicos (distracción, alguna enfermedad mental, mal o pobre conocimiento del código) que provoquen alguna distorsión en la percepción y comprensión del mensaje que fue transmitido. Este ruido provoca que se fugue o pierda información en el camino, combatiéndose mediante la redundancia.

10) La **redundancia**: es el número de veces que se repite que partes del mensaje o su totalidad.

11) El **destinatario**: es el individuo receptor del mensaje, lo descifra e interpreta, utilizando el mismo código que el emisor.

Todos estos elementos son participes en la transferencia y recibimiento de un mensaje. Por lo tanto, mucha información dentro del mensaje se puede perder debido a la gran cantidad de factores presentes.

LOS SÍMBOLOS

Los símbolos juegan un rol fundamental en las relaciones comunicacionales que ocurren todos los días entre los seres humanos. ¿Pero que es un símbolo? Los símbolos son representaciones arbitrarias de ideas, emociones, pensamientos, objetos o acciones. Los símbolos son usados para codificar y descodificar significados. Los símbolos tienen tres características distintivas: son abstractos, ambiguos y arbitrarios. En el día a día usamos palabras (símbolos) para representar nuestras ideas, que se utilizan en un orden particular para transmitir un mensaje.

Antes de seguir avanzando con el asunto de los símbolos hay que dejar en claro dos conceptos muy importantes: el significado y el significante. El **significado** se refiere a la definición de una palabra, la idea de lo que se pretende expresar a través de un símbolo, en este caso, la palabra. Mientras que el **significante** es la entidad, lo que se percibe a través de nuestros sentidos. Por ejemplo: la palabra "gato" y su subsiguiente definición enumerando todas sus características identificables vendría a ser el significado, mientras que la entidad material del animal, es decir, el gato en si es el significante.

Entonces retomando el concepto de los símbolos ¿por qué se los considera arbitrarios? Porque los símbolos lingüísticos (palabras) no tienen ninguna conexión directa con los objetos o ideas que representa. Dicho de una forma más clara, estos símbolos son elegidos mediante una convención social subjetiva, ergo, son arbitrarios.

Los símbolos también son ambiguos, es decir, que tienen varios posibles significados. Para dar unos ejemplos, la palabra "banco" puede referirse tanto a la entidad financiera como al asiento. Sino también la palabra "amo", puede referirse al sustantivo que implica una relación entre dos personas en donde una es una figura de autoridad que ejerce dominio sobre otras, o a la conjugación verbal en el presente indicativo del verbo "amar". También sucede que dentro de dentro de cada cultura hay jergas o modismos. La jerga es una variedad lingüística de una palabra, en donde difiere al del uso cotidiano o académico. Mientras que los modismos son un conjunto de palabras y con un significado que no se puede deducir del significado de las palabras que lo conforman. Un ejemplo de jerga en ingles sería "Chill", que es una forma de comunicar que alguien debe tranquilizarse o relajarse, en donde "chill" en su significado literal es "frio" por lo cual si se traduce de forma literal no tendría sentido alguno. Mientras que un modismo sería "Hit the books", que traducido literalmente sería golpear o abofetear un libro, sin embargo, entre los estudiantes es una manera de decir que tiene muchos deberes pendientes y debe realizarlos. Sucede también que dentro de un mismo idioma, las jergas y los modismos pueden variar según el país. En España se utiliza la palabra "Tío", para referirse de una forma amistosa a otra persona, mientras que en otros países del habla hispana no se utiliza con el mismo sentido. Lo mismo sucede en Argentina, donde "Cana" se utiliza para referirse a las prisiones. O sino la palabra "Laburo", que significa trabajo y proviene del italiano, más exactamente de la palabra "lavoro", que también significa trabajo. El significado de los símbolos cambios a lo largo del tiempo, ya sea por los valores y normas de una sociedad, por el avance científico y tecnológico, o por simple convención social.

Y por último, estos símbolos lingüísticos también son abstractos, que significa que las palabras no tienen una forma material o física. La función de estos símbolos es únicamente la de representar objetos o ideas. Esta abstracción nos permite usar frases como

"El público" para referirnos a una pequeña cantidad de personas en un auditorio o en un cine, o a una gran cantidad de televidentes a lo largo de todo un país.

Debemos entender que estos símbolos (y todos los elementos dentro de la comunicación verbal) siguen una serie de reglas que se autorregulan solas con el tiempo. Hay un acuerdo social acerca de estas reglas para darle sentido a los símbolos que compartimos y utilizamos. Imagínate si el orden de las letras que conforman la palabra "gato" no siguiese reglas estrictas, entonces su disposición no sería importante y entonces "atgo", "otag" y "gtoa" significarían gato sin importar el orden de las letras. O imagínate que se pudiera usar cualquier palabra para referirse a este animal, o peor aún, inventar palabras según criterios propios para referirse a "gato". Sería un desorden de tamaños incalculables, llevando a que la comunicación sea una tarea extremadamente dificultosa. Solo imagínate lo difícil que puede ser entender otro idioma, sería aún peor si cada persona manejase un idioma propio.

LAS 7C

Ya hemos repasado la definición de la comunicación verbal, así como los distintos elementos que intervienen en su uso y los factores que determinan su mutación. Ahora vamos a abordar las 7C de la comunicación. Las 7C son una pequeña lista de consejos que lo ayudará a mejorar sus habilidades de comunicación e incrementarán las probabilidades de que todo mensaje que usted transmita sea entendido exactamente con la intención que usted desea. Estas 7C pueden ser usadas tanto en la comunicación verbal como en la no verbal. Entonces la comunicación debe ser:

1) **Clara**: el mensaje enviado debe ser claro y fácil de entender por el receptor. El propósito de la comunicación es de la transmitir mensajes claros que el receptor pueda entender sin problemas. El mensaje debería hacer énfasis en una sola idea a la vez y no tratar de abarcar varias ideas al mismo tiempo en una sola oración.

2) **Coherente**: con el objetivo de tener una comunicación efectiva el mensaje no debe de tener puntos que se contradigan entre sí.

3) **Completa**: el mensaje siempre debe estar completo, es decir, que debe incluir toda la información relevante para que este se

entienda. Proporcionar información completa ayuda a responder todas las preguntas que tenga el receptor y tome mejores decisiones.

4) **Concisa**: el mensaje debe ser preciso e ir al punto. El emisor debe evitar oraciones exageradamente largas y tratar de abarcar el tema en la menor cantidad posible de palabras. Los mensajes cortos y claros son mucho más fáciles de entender y asimilar, y ayudan a mantener la atención del receptor.

5) **Concreta**: la comunicación debe ser concreta, lo que significa que el mensaje debe ser claro y no dejar pie a que se pueda malinterpretar.

6) **Correcta**: el mensaje debe ser correcto, es decir, que se debe hacer uso adecuado del lenguaje, asegurándose de que sea exacto y no haya errores ortográficos ni gramaticales.

7) **Cortés**: implica que el emisor debe tener en consideración los sentimientos y puntos de vista del emisor. Esto quiere decir que el mensaje no debe contener dogmas o información falsa, así como también de no burlarse de las creencias de los demás (por más que no sean ciertas) y no incurrir en faltas de respeto.

Entender estos siete puntos tan importantes ayudará a que su comunicación sea más clara y efectiva. Una buena comunicación y entendimiento mutuo son las claves de relaciones sanas y duraderas.

VENTAJAS Y DESVENTAJAS DE LA COMUNICACIÓN ORAL

Toda forma de comunicación tiene sus virtudes y defectos, y la comunicación oral no está exenta de esto. Ahora vamos a repasar sus pequeñas cualidades y deficiencias. Entre las ventajas de usar la comunicación oral podemos encontrar:

1) Hay mayor probabilidad de entendimiento y transparencia a la hora de entablar relaciones interpersonales.

2) No hay elementos rígidos en este tipo de comunicación, más allá de las normas y reglas que se siguen para comunicarnos, la comunicación oral es conocida por su flexibilidad y mutabilidad a lo largo de la historia, permitiéndonos transmitir todo tipo de mensajes.

3) La comunicación es directa y espontánea. La información es transmitida al instante y sus

subsiguientes decisiones se toman sin ninguna demora.

4) La comunicación oral es la mejor vía para resolver todo tipo de problemas. Los conflictos, disputas y muchas diferencias siempre pueden resolverse cuando la comunicación es adecuada, asertiva y respetuosa.

5) Es una herramienta indispensable a la hora de trabajar en equipo.

6) Es nuestra mejor herramienta a la hora de alentar y transmitir sentimientos positivos.

7) La comunicación oral puede ser usada para transferir información privada que se considera confidencial y de gran importancia.

Entre las desventajas podemos encontrar:

1) Muchas veces la comunicación oral no basta para transmitir un mensaje claro y conciso, debe estar acompañada de otros elementos para hacer énfasis en ciertos puntos y que nuestro poder de convencimiento sea mayor.

2) En algunos casos la comunicación oral puede llevar a malentendidos, debido a los distintos términos informales que se emplean así como

que no quede registro de lo que decimos, como si pasa en la comunicación escrita.

3) Se requiere de gran asertividad y carisma para lograr captar la atención de una gran audiencia.

Ya llegado al final del capítulo hemos aprendido los distintos elementos que componen la comunicación verbal y como actúa cada uno en el proceso de la comunicación. Es importante entender que estos factores se adecuan a las normas establecidas por las distintas culturas. Pero que siempre la comunicación va a ser la vía para transmitir ideas, pensamientos, acciones o gran cantidad de información. También se debe entender que partes de esta información se puede perder en el camino, lo que puede llevar a que el mensaje sea malinterpretado, por lo que las decisiones que se tomen a partir de esa información errónea seguramente sean igual de incorrectas que aquella información.

La comunicación oral no solo es usada para transmitir información, sino también para pedirla. También se emplea para plantear interrogantes o dar órdenes. En este capítulo hemos repasado la información más importante acerca de este tema, pero con el fin de llegar a un entendimiento más profundo del tema, se le recomienda que por su cuenta siga investigando e instruyéndose, ya que esto le proporcionará las herramientas adecuadas para relacionarse mejor y poder desarrollarse tanto en el ámbito personal como en el laboral y académico.

CAPÍTULO VII:

PATRONES COMUNES EN LA INTERPRETACIÓN DEL COMPORTAMIENTO

Nuestros rostros pueden expresar gran cantidad de emociones a través de un gesto o la combinación de dos o más. Esto sin duda es toda una ventaja evolutiva y nos permite dar a entender una gran variedad de pensamientos y emociones sin transmitir ni un solo sonido. La gran diversidad de músculos en nuestros rostros que controlan la boca, frente, labios, nariz y los ojos producen una inmensa variedad de expresiones. Estos 44 musculas pueden generar unas 10 mil expresiones faciales distintas.

Es por eso que en este capítulo vamos a abordar las expresiones faciales y microexpresiones. Las **expresiones faciales,** junto a la mirada, son uno de los medios más importantes para expresar la diversidad de emociones y estados de ánimo que se presentan en una persona. Estos gestos faciales pueden ser voluntarios o involuntarios, durando entre

0,5 a 4 segundos donde todo el rostro se ve involucrado. Mientras que las **microexpresiones** son una variedad de expresiones faciales que se presentan de forma momentánea e involuntaria en el rostro de las personas según la emoción que sienten. Estas microexpresiones ocurren cuando en la amígdala (la parte del cerebro encargada de las emociones) responde apropiadamente al estimo que el individuo está experimentando, expresando la emoción que siente en su rostro. A diferencia de las expresiones faciales habituales que utilizan las personas, las microexpresiones son inconscientes y muy difíciles de esconder, pero únicamente duran medio segundo, por lo cual pueden ser muy difíciles de captar para el ojo humano.

Una pequeña sonrisa, un fruncimiento de ceño, levantar las cejas o una mueca son señales que expresan distintas emociones. Las siete emociones universales son: asco, desprecio, enojo, felicidad, miedo, sorpresa y tristeza. Pero en los años 90, Paul Ekman, pionero en este campo, expandió esta lista de emociones básicas, incluyendo emociones positivas y negativas como: alivio, ansiedad, culpa, diversión, orgullo, pena, placer, satisfacción y vergüenza. Hay que recalcar que algunas reacciones de las emociones mencionadas por Ekman no son involuntarias.

ROSTROS POR TODOS LADOS

Hay mucha controversia que rodea al asunto de las expresiones faciales y cuáles podrían ser catalogadas como universales y de uso cotidiano por los seres humanos. Sin embargo, distintas hipótesis aseguran que las expresiones faciales son innatas y son el legado de nuestros ancestros, originándose por evolución gracias a la selección natural.

La amígdala es la encargada del reconocimiento facial. Este mecanismo ya está presente en nosotros desde que nacemos, las distintas expresiones faciales que usaron nuestros padres son esenciales para la comunicación con el recién nacido y por ejemplo, poder calmarlo. Ante la incapacidad que tiene de comunicarse verbalmente, sus gestos faciales (acompañados de algún sonido) son su principal vía de comunicación. No es de extrañar que el bebé arrugue todo el rostro mientras llora incansablemente, mostrando su disgusto o pidiendo por alimento o contención, así como también ya sonríe y su rostro demuestra su alegría cuando está contento.

Este mecanismo de reconocimiento facial es de vital importancia, no solo nos permite detectar emociones, sino también rostros, tanto humanos como de otros animales. Aunque a veces nuestro cerebro nos puede jugar una mala pasada. Diversos estudios confirman que debido a que nuestros mecanismos de interacción social fueron muy importantes para que nuestros ancestros sobrevivan, nuestro cerebro está constantemente "buscando" rostros en las distintas figuras que se nos presentan.

Seguramente su expresión facial sea exactamente igual a del enchufe en la imagen superior. Nuestro cerebro está programado para reconocer rostros y sus expresiones, aunque a veces lo hagamos en objetos inanimados. Aunque esto nos pueda resultar gracioso o sorprendente, es un indicio de que sus mecanismos sociales gozan de buena salud.

Por estas razones somos capaces de distinguir el malestar, la alegría, el enojo o el miedo de nuestros conocidos más cercanos, en actores de distintas series o películas o incluso en fotografías de personas que vemos por primera vez. Nuestros rostros son extremadamente expresivos, y son una herramienta muy útil para comunicar de forma efectiva y sincera nuestros sentimientos.

LA PRIMERA IMPRESIÓN

En el primer encuentro entre dos personas, los primeros cinco minutos son de suma importancia para dejar una buena impresión. Las impresiones que formes de otra persona en este breve periodo de tiempo, persistirán en el futuro e incluso serán reforzadas por comportamientos posteriores. Claro está, que estos procesos son inconscientes.

En tan pocos minutos usted formará una opinión sobre el carácter, inteligencia, personalidad y temperamento de la otra persona, todo esto gracias a las distintas señales que envía nuestro cuerpo.

Utilizamos nuestro rostro para indicar nuestro agrado, miedo, ira o disconformidad, así también nuestro estado de ánimo. Pero no solo eso, las expresiones faciales pueden usarse para reforzar algún mensaje verbal, con estar atentos al rostro de la persona puedes medir si su tristeza o enojo se corresponde con las palabras dichas. Cabe recalcar que esto también sucede en las entrevistas de trabajo, los primeros minutos son de crucial importancia a la hora de dejar una buena impresión en tu entrevistador. Por eso usted debe utilizar la información que le proporcionamos si quiere quedarse con el puesto de trabajo.

NUESTRO ROSTRO HABLA

Tenemos a nuestra disposición un gran arsenal de expresiones faciales para utilizar según el contexto. No todas son iguales ni se usan de la misma manera. Un ejemplo claro es el de las sonrisas, pueden ser naturales o fingidas. Y dicho esto, aunque el rostro es muy sincero a la hora de mostrar cómo nos sentimos, nosotros hasta cierto punto podemos controlar nuestras expresiones faciales y ocultar nuestras verdaderas intenciones. Aun así, estas expresiones fingidas y falsas nos pueden proporcionar una gran cantidad de información.

Un caso para ejemplificar es el de las sonrisas. Estas pueden ir de ligeras, a normales hasta a amplias. Se usan para saludar o para demostrar placer, alegría y felicidad. Aunque, las sonrisas pueden usarse para ocultar otras emociones: penurias, miedo, tensión o tristeza.

Entonces ¿cómo distinguir una sonrisa natural de una fingida? Hay varios factores para detectar una sonrisa que no es natural. El primero de ellos es que las sonrisas falsas suelen ser exageradas, donde el lado izquierdo del rostro está más tenso que el derecho. Esto ocurre porque el hemisferio derecho del cerebro es el responsable de las expresiones emocionales en el rostro, enviando señales al lado izquierdo del rostro. Por eso cuando la sonrisa es fingida, no actúa este hemisferio del cerebro y de ahí la falta de simetría.

Luego sucede que este tipo de sonrisa actuada se prolonga demasiado tiempo. Mientras que una sonrisa natural se manifiesta según el grado de la emoción y el contexto, la duración de las sonrisas falsas es extremadamente exagerada.

Por ultimo está el rasgo más característico a la hora de detectar una sonrisa falsa: los ojos. En una sonrisa natural actúan varios músculos de la cara, incluidos los llamados músculos orbiculares, que son los que rodean a los ojos. En una sonrisa autentica los ojos tienden a achinarse y aparecen pequeñas arrugas en ambos costados de los ojos, que demuestran la autenticidad de una sonrisa cálida y sincera.

Nuestro rostro también refleja emociones negativas, como la tristeza, la decepción y la depresión. Este tipo de emociones se caracterizan por su falta de expresión, donde la cara adopta ciertos gestos como: mirada baja, inclinación descendente de las comisuras de la boca y un decaimiento general del resto de las facciones. Por lo general, este tipo de gestos están acompañados por un bajo volumen en el tono de la voz, un andar más lento y un habla desacelerado.

Mientras la tristeza es mayor, o en todo caso, se presenta un cuadro de depresión clínica, aparecen otro tipo de gestos en el rostro: los parpados superiores se encuentran caídas, la mirada se desvía o se da lo que se conoce como "mirada perdida", los ojos se encuentran vidriosos, el mentón se eleva, las cejas suben al centro y los labios caen. Estos son los gestos faciales típicos para poder detectar la tristeza. Recuerde que estos suelen aparecer en conjunto y no de forma individual y aislada.

Dentro de estas emociones negativas también podemos encontrar la aversión, la ira y el miedo. Comparten muchas características, por lo cual debes estar atento para saber diferenciar uno de otro.

Recuerde ese olor tan nauseabundo que se le vino a la nariz aquella vez, o cuando tuvo que ver algo que le provocó un gran **desagrado**. Ahora seguro recuerda su reacción cuando ocurrió ese hecho, probablemente ahora mismo este realizando ese mismo gesto. Cuando vemos u olemos algo que nos produce desprecio, lo normal es que los ojos se encojan, la boca se frunza y la nariz se arrugue. Acompañado de estos pequeños gestos la cabeza se inclina hacia atrás o hacia un costado como movimiento inconsciente para poner distancia de aquello que nos genera un malestar. También es bastante común entrecerrar los ojos y mirar fijamente cuando un objeto o persona nos produce desagrado.

Cuando una persona está dominada por la **ira** hay características muy reconocibles en su rostro: las cejas se inclinan levemente hacia abajo y hacia el centro, las fosas nasales se dilatan, la boca se frunce, la mandíbula se tensa, los dientes se encuentran apretados fuertemente y se produce una mirada fija hacia la causa de la ira. Este enfado está acompañado de otro gesto que no es facial: los puños se cierran haciendo presión, como una respuesta inconsciente preparándose para una pelea física.

No hay una única forma de expresar el **miedo**, sino que cada persona reacciona de manera diferente. Las expresiones más evidentes en la manifestación del miedo ocurren durante los primeros segundos que ocurre esta emoción, que ya vamos a ver en la siguiente sección. Se puede detectar el miedo de la siguiente forma: los ojos se encuentran muy abiertos, como manifestación de la «reacción de lucha o huida» de la que ya hemos charlado; generalmente la cabeza se contrae, el cuello se tensa, las fosas nasales se dilatan, la respiración es más rápida, la boca está abierta y aparece sudor en el rostro y otras partes del cuerpo.

Entonces en resumen, cuando experimentamos emociones positivas, nuestro rostro tiende a adoptar gestos variados, naturales y relajados, que van hacia arriba y desafían la gravedad: sonrisas pronunciadas, arrugas en los costados de los ojos, los ojos se achinan y la frente se relaja. Mientras que experimentar emociones negativas, hace que nuestros gestos se tornen tensos y no venzan a la gravedad: labios caídos o tensos, mandíbula tensa, dientes apretados, cejas que se inclinan, nariz que se arruga, las arrugas de la frente se vuelven más tensas y ojos que se entrecierran.

LENGUA DELATORA

Hay distintos movimientos que se hacen con la lengua que nos pueden proporcionar información valiosa sobre el estado de ánimo de una persona. La boca se seca cuando las personas se encuentran bajo tensión, así que es normal que se pasen la lengua por los labios para humedecerlos. También sucede que pasarse la lengua por los labios ocurra durante momentos de malestar, este gesto sirve para calmarse.

Es común observar en artistas, niños, deportistas en situaciones que requieren concentración o a alumnos durante sus exámenes que colocan la lengua por un lado de la parte externa de la boca, esto indica que la persona está analizando profundamente una situación o está sumido en sus tareas.

Morderse la lengua, ya sea con esta totalmente dentro de la boca o con una parte por fuera de esta, es un gesto bastante común que es usado por personas que se han salido con la suya, cometen alguna acción torpe y que luego será reprochada o es sorprendida haciendo algo que no debía. Es una manifestación clara en donde morder la lengua es tomado como que no se debe hablar sobre lo que acaba de ocurrir.

Otro tipo de comportamientos asociados a la boca y la lengua es la de morderse los labios, que indican nerviosismo e inseguridad. Cuando los niveles de seguridad y nerviosismo son muy elevados, la persona se muerde fuertemente la lengua o la parte interna de los cachetes de la boca, presentando fuertes lastimaduras en estas secciones de la boca. Si usted es una persona que emplea estos comportamientos cuando está nervioso, le aconsejo que dejé de hacerlos, le podría traer todo tipo de infecciones o problemas de salud bastante graves.

RUBOR EN LA PIEL

Esta es una de las expresiones más conocidas, siendo imposible de controlar y fingir. Aunque está asociado a la vergüenza, también es bastante común que ocurra en momentos de ira. La ruborización de la piel ocurre como una respuesta de la dilatación de nuestros vasos sanguíneos, el corazón comienza a bombear más sangre, por eso cuando nos ruborizamos esto está acompañado de un aceleramiento de nuestro pulso cardiaco.

Es bastante común observar este fenómeno en personas que se colocan frente a la persona que les gusta, o cuando deben afrontar una situación que les produce mucha vergüenza, como por ejemplo, dar una charla en público. En las personas de piel clara, es más que evidente cuando sucede esto.

"LIE TO ME"

Como se nombró al inicio de este capítulo, el aporte Paul Ekman fue fundamental para entender el comportamiento humano. Su contribución sobre microexpresiones luego fue adaptado a una serie: Lie to Me. Se cree que con el conocimiento de estas microexpresiones, uno puede detectar la mentira con suma facilidad, pero el asunto es que estas microexpresiones duran apenas la mitad de un segundo y pueden variar de acuerdo a la persona. Para captarlas habría que hacer uso de una cámara de gran calidad para captar estas expresiones y luego reproducir el video en cámara lenta. Entonces ¿son confiables las microexpresiones como método para adivinar las emociones y estados de ánimo de una persona? La respuesta es sí y le explicamos por qué.

No todos los gestos corresponden a una emoción en particular, algunos no poseen un significado. Es por eso que a nosotros nos interesa explicar cuando se hace combinación de dos o más microexpresiones, las cuales se utilizan para expresar una emoción básica. Se cree que nuestros ancestros más primitivos estuvieron expuestos de manera reiterada a estímulos específicos (situaciones de miedo, ira, estrés) que llevó a que nuestro cerebro configurara patrones característicos que representaran nuestro interno en el rostro. Por ejemplo, nadie sonríe en una situación que le genera miedo, ya que nuestro cuerpo está programado para programado para responder de determinada manera. Es así también como aprendemos a comportarnos de determinada manera de acuerdo a ciertas experiencias pasadas. Es probable que personas que tuvieron malas experiencias en situaciones donde debían presentarse al público, generen mecanismo de protección que se activen cuando una situación de esta clase se presente. Es normal que la persona sienta miedo, estrés o nerviosismo porque se ve amenazado ante esta situación que en un pasado le generó un malestar psicológico. Por eso nuestro cerebro se configuró para protegerla de estas "amenazas". A continuación vamos a dar una lista de los gestos faciales que ayudan a distinguir cada emoción.

Asco/Desprecio: la nariz se arruga y las mejillas se levantan. En la zona de los ojos las cejas se inclinan hacia abajo, empujando al parpado superior en la misma dirección y debajo del parpado inferior aparecen arrugas. En la zona de la boca el labio inferior se levanta levemente empujando al labio superior en la misma dirección.

Felicidad: las mejillas se levantan, la boca se abre o no, con o sin exponer los dientes. La comisura de los labios se inclina hacia atrás y arriba. Los ojos se "achinan", debajo del parpado inferior aparecen arrugas y en los bordes externos del ojo aparecen las arrugas denominadas "patas de gallo".

Ira: las cejas bajan y se contraen, en algunos casos estas se inclinan levemente hacia el centro adoptando una posición inclinada. La mirada adopta un gesto duro y fijo, y ambos parpados se tornan tensos. Los labios pueden estar tensos, ya sea cerrados o abiertos. Las fosas nasales se dilatan.

Miedo: las cejas se levantan y contraen al mismo tiempo. Las arrugas de la frente se sitúan en el centro de esta y no extendidas por toda la frente. La boca permanece abierta y los labios permanecen tensos o contraídos o estrechados hacia atrás.

Sorpresa: las cejas se levantan elevándose más de lo normal, adoptando una forma curva. En la frente aparecen arrugas horizontales. En la zona debajo de las cejas la piel se estira. Ambos parpados se abren notoriamente y se estiran. Y por último la mandíbula cae de forma natural, con labios y dientes separados pero sin estiramiento o tensión observable.

Tristeza: en la zona de la boca los labios se inclinan hacia abajo y en ocasiones pueden temblar. Las cejas caen de forma natural y la piel de estas zonas forma un triángulo. Ambos parpados caen por su peso y en los ojos se nota la mirada perdida o que no se enfoca en un punto fijo.

Estos son algunos de las expresiones generales que aparecen en cada emoción. Cabe recalcar que cada expresión puede mostrarse de manera parcial o de una forma sutil. Por eso se debe agudizar el sentido de la observación.

CAPÍTULO VIII:

COMO DE DETECTAR LA INSEGURIDAD

Ocurre muchas veces que una persona se siente insegura, ya sea por el ambiente que la rodea, la situación, el contexto o por un mero hecho de autoestima baja. Por eso, ocurre en general que las distintas inseguridades que acarrea una persona son producto de su falta de confianza en sus habilidades, ya sea sociales, profesionales, artísticas o relacionadas a la inteligencia. Hay muchas señales que ayudan a que uno pueda detectar cuando una persona se siente insegura por el contexto o cuando ya es algo que va más allá de la realidad material y es un asunto emocional.

Tener confianza y respeto hacia uno mismo es uno de los pilares importantes para desarrollar un buen concepto de uno mismo. Según como varíe la percepción de nosotros mismos nos veremos capacitados o incapacitados para realizar ciertas tareas, desenvolvernos socialmente y construir nuestras expectativas.

Sabemos que la autoestima es el aprecio que tenemos sobre nosotros mismos, así como las distintas consideraciones sobre lo que merecemos y podemos lograr.

Una persona con alta autoestima se siente en plena confianza para afrontar los distintos retos de la vida, se siente capaz y valioso, se valora y se siente valorado por terceros. La autoestima positiva les permite a las personas vivir su vida con mayor optimismo, pudiendo alcanzar con mayor facilidad sus objetivos y lograr la autorrealización. Diversos estudios demuestran que las personas con mayor seguridad tienden a ser más ambiciosas, y experimentar mayor confianza a la hora de ganar juegos de azar. La autoestima alta permite que uno sienta emociones positivas con mayor frecuencia, lo que implica un mejor humor y un mejor trato hacia los demás. La persona con autoestima experimentará un gran grado de respeto hacia sí mismo y por los demás, donde predomina la buena voluntad, la benevolencia y las relacionas interpersonales sanas y enriquecedoras, evitando aquellas que sean autodestructivas.

Mientras que una persona con baja autoestima es todo lo contrario, se siente incapaz y seguro tenga serias dificultades para afrontar hasta las tareas más sencillas. Tiene un bajo concepto de sí mismo, es increíblemente inseguro, tímido, temeroso, paranoico y seguro sucumba al nerviosismo ante situaciones que le puedan generar algún malestar y presenten cierto grado de dificultad y sacrificio para ser superadas. Es por eso que las personas excesivamente inseguras tienden a aislarse socialmente, lo que agrava su estado. A mayor grado sea la inseguridad, mayor tiempo será el del aislamiento. A su vez, una persona insegura debe compensar su baja autoestima con otro tipo de comportamientos, como el narcicismo, el ego, la arrogancia y la agresividad. La baja valoración que tiene de sí mismo le llevará a creer que la gente no le tiene aprecio o que incluso siempre es usado, lo que hace que distintos mecanismos de defensa se activen para salvaguardar algún resto de autoestima o escudar al ego. Cabe destacar que las personas inseguras son vulnerables emocionalmente, esto quiere decir que no pueden valerse por sí mismas y que son más fácilmente manipulables.

Por último, en algunos casos existe un término medio de autoestima, en donde la persona oscila entre la autoestima alta y la autoestima baja, donde manifiesta incongruencias en sus conductas.

A continuación vamos a repasar las características más importantes de la alta autoestima y la inseguridad. Una vez que tengamos pleno conocimiento de esta información, podremos identificar con eficacia aquellos comportamientos y mecanismos de defensa que revelan baja autoestima.

¿QUÉ CONSIDERAMOS POR AUTOESTIMA ALTA?

Muchas veces nos ha pasado de experimentar una situación en la cual no supimos cómo reaccionar. Nos quedamos con esas ganas de haber actuado diferente. ¿Pero por qué no lo hicimos? Muchas veces la falta de confianza en nuestras habilidades nos impide poder actuar de la forma en que quisiéramos. Entonces la autoestima alta podría definirse como aquel ideal que tenemos de persona, a mayor autoestima más facilidad tendremos para actuar sin reprimirnos. Ojo, esto no debe ser confundido con una inhibición total de la responsabilidad y el respeto por los terceros y las normas sociales. La persona con gran estima siempre actuará dentro de las convenciones sociales y valorará la integridad física y psicológica de los terceros.

La alta autoestima no consiste en considerarnos y percibirnos como perfectos, eso sería más bien una característica del ego. La autoestima reconoce nuestras falencias y cosas que no nos agradan de nosotros, pero sin dejar que estas eclipsen nuestras cualidades y cosas buenas que vemos en nosotros mismos. Por lo cual, la buena autoestima podría simplificarse en los siguientes puntos:

1) **Auto reconocimiento**: es la capacidad de reconocer las debilidades, necesidades, cualidades corporales o psicológicas, necesidades, conductas, potencialidades, habilidades, sentimientos, y el por qué se actúa y se siente así. Dentro del auto reconocimiento también se encuentra la aceptación de aquellos rasgos físicos y psíquicos que nos pueden limitar, así como la de asumir la responsabilidad de aquellas conductas inapropiadas y erróneas de las que somos autores. La persona debe entender que nuestra dignidad es innata, y que

por más errores o maldades que cometamos, al fin y al cabo es parte del ser humano.

2) **Auto aceptación**: es de lo que hablábamos más arriba. Es la cualidad de reconocerse y aceptarse tal cual es, en lo físico, psicológico y social. Es aceptar y entender su comportamiento con sí mismo y con terceros. Reconocer todas las partes de sí mismo y admitirlas sin sentir vergüenza. En donde ciertas formas de ser o sentir no son vistas como debilidades o imperfecciones, sino como partes de una totalidad.

3) **Auto valoración**: la capacidad de reconocer, evaluar y valorar todas aquellas cosas buenas en uno mismo, que nos producen satisfacción y son enriquecedoras para nuestro desarrollo personal, que nos permiten aprender y crecer. Es la búsqueda y valoración de todo aquello que nos haga sentir bien y orgullosos de nosotros mismos.

4) **Auto respeto**: es la capacidad de expresar y manejar nuestras emociones de forma asertiva, teniendo conocimiento de cuando es conveniente exteriorizarlas sin reprimir nada ni

hacerse daño y culparse. El respeto hacia uno mismo es la firme creencia de sentirnos merecedores de felicidad y no permitir que terceros nos maltraten.

5) **Auto superación**: es la cualidad de tener en cuenta sus capacidades y potencialidades, siendo consciente de su cambios y limitaciones, de esta forma la persona será capaz de crecer a nivel personalmente lo que le permitirá pensar, entender, generar, elegir y tomar decisiones por cuenta propia, sabiendo afrontar distintas situaciones y generar su propia escala de valores.

6) **Auto dignidad**: es la plena confianza y seguridad de su valor como persona. Una actitud afirmativa que se da constantemente hacia su derecho de felicidad y vivir bien.

7) **Auto eficacia**: es la cualidad de confiar en la capacidad de pensar, en los procesos que se utilizan para juzgar y en el funcionamiento de la mente y los procesos corporales. Es conocerse en totalidad y tener confianza en ello.

En estos 7 puntos puede resumirse la concepción que tiene de sí misma una persona con autoestima. Impulsados por estos siete puntos la persona con autoestima conforma sus propios valores y principios, confía firmemente en ellos y está dispuesta a defenderlos incluso cuando encuentre un gran número de personas que se opongan a estos. Además que su elevada confianza le permitirá reconocer posibles errores y cambiar estos valores en caso de encontrar evidencia que confirmen su equivocación.

Este tipo de personas obra en base a su criterio, creyendo que es lo más acertado, sin sentirse culpables cuando a otros no les parezca bien su proceder. No va a perder su tiempo preocupándose excesivamente por lo que ocurrió en el pasado ni lo que ocurra en el futuro.

Aprende de sus vivencias pasadas pero proyecta hacia el futuro, viviendo intensamente el presente. Confían totalmente en sus capacidades y habilidades para sobrellevar las distintas situaciones y resolver sus propios problemas, sin acobardarse con facilidad por distintos fracasos previos o grados de dificultad. Y en caso de necesitar ayuda, no siente vergüenza al pedirla.

En definitiva, aquellas personas que gocen de una buena autoestima tendrán plena confianza en sus distintas habilidades, saben reconocerse como un ser humano con cualidades y defectos sin que esto les genere un malestar o un odio hacia sí mismos.

BAJA AUTOESTIMA

Ahora que ya hemos enumerado y desarrollado las distintas características que componen a una persona que goza de alta autoestima, pasaremos a hacer lo mismo pero con la baja autoestima. La baja autoestima es fenómeno emocional muy interesante, aunque se debe tener cuidado con prolongar este estado por mucho tiempo, este puede derivar en distintos trastornos, como por ejemplo, el trastorno depresivo. Hay distintas características que son distintas de la baja autoestima, las cuales vamos a enumerar en quince puntos:

1) Autocritica excesiva: esta clase de personas están en un estado constante de crítica negativa hacia ellos mismos, producto de la gran insatisfacción que tienen.

2) Hipersensibilidad a la crítica: toda crítica (ya sea constructiva o no) se la toman como personal, lo

que los hace sentir constantemente bajo ataque y experimentar fuertes resentimientos duraderos hacia sus detractores.

3) Indecisión crónica: no por incapacidad de acceder a la información o por falta de esta, sino por un miedo exagerado e irreal a equivocarse.

4) Complacientes: muy rara vez se niegan a los demás, por temor a que esto caiga mal, y perder la benevolencia del peticionario.

5) Perfeccionismo: o una autoexigencia desmedida de realizar "perfectamente" sin ningún fallo, todo lo que se propone e intenta, lo cual lo lleva a sentirse muy mal cuando las cosas no resultan de acuerdo a los estándares irreales de perfección autoimpuestos.

6) Culpabilidad neurótica: se autoflagela psicológicamente por conductas que no siempre son objetivamente reprochables. Exagera de forma desmedida sus errores y faltas, y los lamente por un periodo de tiempo indefinido, sin poder llegar a perdonarse por completo.

7) Hostilidad latente: irritabilidad por cosas mínimas, siendo que siempre están a punto de estallar en episodios de ira aun por cosas de

poca importancia, característica propia de aquella persona supercrítica que todo le sienta mal, todo le disgusta, todo le decepciona, nada le satisface.

8) Tendencias defensivas: una visión negativa generalizada acerca de la vida. Todo es catastrófico y sin futuro, no sintiendo ganas de vivir ni gozo en los placeres de la vida.

9) Crítico con los demás: por lo general, una persona que padece de baja autoestima, puede emplear la crítica hacia los demás cuando algo sale mal como mecanismo de defensa ante situaciones incomodas. Puede que la persona que realice esta acción no sea consciente de su comportamiento y lo haga con mala intención.

10)   Procrastinación: ante sus pocas ganas de vivir la vida, su excesivo perfeccionismo y la incapacidad de mantener la concentración, las personas con baja autoestima se caracterizan por la postergación de actividades o situaciones por mas irrelevantes que puedan ser, por miedo o pereza a afrontarlas.

11)   Impaciencia: las exigencias de carácter desmesurado y el catastrofismo subsiguiente a

no poder cumplir estas exigencias, provocan una gran impaciencia y ansiedad en la persona que padece de este fenómeno. La rabia de no poder cumplir con sus objetivos o tareas en el corto plazo lleva a ataques de rabia que son bastante frecuentes.

12)   Sentimiento de inutilidad: es frecuente observar como las personas con baja autoestima padecen de este sentimiento. Las pocas o nulas tareas que realizan los lleva a pensar que no sirven para nada, lo que les quita energía y ganas de realizar cualquier actividad, siendo que esto se convierte en algo cíclico y que se retroalimenta.

13)   Baja tolerancia a la frustración: las personas con baja autoestima tienen una excesiva sensibilidad hacia todo lo que les pueda generar algún sentimiento negativo o desagradable

14)   Comunicación pasiva: esto significa que se comunican sin expresar sus necesidades y sentimientos. Este tipo de comunicación se caracteriza por ser altamente ineficiente, siendo que al no dar a conocer lo que piensan y sienten

por miedo a ser juzgados esto genera frustración e imposibilidad de establecer vínculos sanos. Son complacientes en exceso, se conforman para evitar el conflicto.

15) Dificultades en las relaciones sociales: todos los puntos mencionados anteriormente influyen notablemente en sus habilidades a la hora de relacionarse con los demás. Su excesiva timidez y miedo al rechazo provoca que generar vínculos sociales sanos sea una tarea difícil.

Aquí hemos visto las principales características de las personas que padecen de baja autoestima. A medida que este fenómeno se agrava, todos estos sentimientos, pensamientos y comportamientos se vuelven más frecuentes y de mayor intensidad. Es importante recalcar que la mayoría de las veces, las personas con baja autoestima no son conscientes de su reacciones bruscas y hostiles, ya que estos son mecanismos de defensa producto de la baja estima que se tienen.

Al no confiar en sus habilidades y no reconocerse ningún tipo de cualidad, las personas excesivamente inseguras presumirán de características que son muy comunes entre los humanos, que no requieren de ningún esfuerzo en desarrollarse o conseguirse y que pueden ser fácilmente simuladas. Entre estas características están:

1) La humildad: una característica que puede ser fácilmente simulada. La persona con baja autoestima finge no aceptar halagos (o que estos son exagerados) acerca de sus habilidades o cualidades, de alguna forma colocándose en un escalafón superior al poseer esta modestia que en algunos casos resulta desmedida. Esto no es más que una cortina para ocultar su extrema inseguridad sobre sí mismos y tienen la firma creencia de no ser poseedores de habilidad o aptitud positiva.

2) Empatía: la empatía es la capacidad de percibir y comprender los sentimientos de terceros sin la necesidad de experimentar la misma situación. Las personas con baja autoestima hacen gala de poseer esta cualidad que ellos califican como "poco común", creyendo que ellos son de las escasas personas que tienen esta capacidad, cuando en realidad la empatía es un mecanismo presente en la mayoría de las personas

(exceptuando personas con psicopatía), herramienta altamente eficiente que heredamos de nuestros ancestros. Además que los humanos no son los únicos en gozar del mecanismo de empatía, distintas especies de animales tienen esta capacidad de percibir el dolor ajeno.

3) Metas altas: las personas que se sienten inferiores suelen fijarse metas muy altas, muchas veces inalcanzables, para de alguna forma mostrar sus grandes aspiraciones y adquirir notoriedad. Pero por sus incapacidades emocionales, la mayoría de las veces no llegan a cumplirlas.

También hay que comprender que esta sensación de inutilidad y baja estima sobre si mismos es producto de las distintas interacciones sociales que el ser humano ha tenido a lo largo de su vida. Las burlas y el rechazo son factores que influyen fuertemente en la autoestima de una persona, sobre todo si esto ocurre en fases tempranas de su vida cuando se está formando la autoimagen y el autoconcepto. Ser demasiado exigentes con las notas escolares o las actividades que realiza su hijo puede llevar a que estos desarrollen un perfeccionismo patológico. En donde nunca se sentirán conformes con el resultado final de cualquier actividad que realicen, todo esto como producto de la excesiva exigencia de los padres. Siendo que estas personas nunca valorarán su esfuerzo ni sentirán emociones o sensaciones positivas en cualquier ámbito de su vida, buscar incansablemente la perfección solo provocará que sientan ansiedad, tristeza que puede convertirse en depresión, estrés, nerviosismo constante y en algunos casos que desarrollen obsesiones.

EL LENGUAJE CORPORAL DE LA INSEGURIDAD

Llegados a este punto ya tenemos claro bastantes conceptos. En los primeros seis capítulos de este libro pudimos ver las distintas respuestas de nuestro cerebro ante determinadas situaciones. Y en este capítulo hemos aprendido que es la autoestima, y las distintas características presentes en la alta y baja autoestima. Ahora con ambas partes de la información usted seguro ya se puede dar una idea de cómo será el lenguaje corporal de una persona con baja autoestima o que se siente insegura.

Hay dos características que deben ser tenidas en cuenta a lo largo de esta sección: y es que las personas inseguras detestan ser el centro de atención y se sienten sumamente incomodas cuando una o varias miradas se clavan en la persona; y que su concepción del espacio íntimo (ver capítulo V, la sección del espacio personal) se agranda, es decir, se sienten perturbadas por personas que se encuentran a varios metros.

Para empezar podemos hablar del andar. Las personas con baja autoestima tienen generalmente un andar lento, sus pies casi que se arrastran por el suelo, y sus brazos caen por la fuerza de la gravedad. Con su postura ocurre lo mismo, su espalda refleja una leve inclinación, su cuello se encuentra torcido y su cabeza apunta hacia abajo. Como repasamos en el capítulo II, cuando una persona divisa un peligro se agazapa y su torso se encoge o encorva para proteger sus órganos vitales. Entonces las personas inseguras adoptan esta posición porque se sienten constantemente inseguras y amenazadas, es una forma que su cuerpo tiene de decir que están en constante estado de alerta y están preparados para huir o luchar, ya que como vimos en la sección anterior, este tipo de personas son muy hostiles y reaccionan violentamente debido a su baja tolerancia a la frustración e impaciencia.

Cuando las personas inseguras están sentadas la postura también juega un papel importante. Nuevamente su torso se inclina adoptando la conducta de agazaparse con tal de no ser vistos. Y su posición adopta una postura que ocupe el menor espacio posible, ya que los leves contactos los ponen tensos y nerviosos. En estos contextos hay que hacer énfasis en sus extremidades inferiores y superiores. Siguiendo la línea de ocupar el menor espacio sus piernas y brazos generalmente se encuentran lo más cerca posible del cuerpo. Sus piernas se moverán incesantemente lo que denotará nerviosismo y preocupación, y sus manos encontraran distintas formas de canalizar este estrés (recordemos los gestos adaptadores), ya sea con jugueteo de dedos, acariciarse el pelo, jugar con algún lápiz o acariciarse las piernas o brazos.

En eventos sociales que abarquen mucha gente, las personas inseguras se colocarán en los rincones, apoyando su espalda contra la pared. De esta forma se siente más seguros ya que son conscientes de que nadie puede colocarse detrás de él. Este es un comportamiento muy común en nosotros, seguro si una persona se colocará muy cerca detrás suyo usted se sentiría nervioso. Pero en las personas inseguras esto traspasa los límites de lo razonable y se vuelve excesivo, toda persona detrás de ellos les provocará incomodidad. En fiestas o boliches siempre buscarán la forma de alejarse de la muchedumbre, colocándose detrás de todo o en una posición estratégica que les permita una huida rápida.

En cuanto a los gestos faciales debemos de recordar que aquellos que indican nerviosismo o tristeza son los gestos que se están tensos y que se "ven atraídos por la gravedad", respectivamente. Es así como labios y mandíbulas tensas, o los labios que tiemblan o que se ocultan, narices que se arrugan, ojos caídos, cejas que se inclinan hacia abajo, son distintos gestos que pueden reflejar la inseguridad de una persona. Generalmente las personas con baja autoestima tienen problemas para conciliar el sueño y pesadillas recurrentes, por lo que debes estar atento a las ojeras, los parpados hinchados, y otros gestos caídos y arrugas que indiquen cansancio.

En cuanto a la mirada esta clase de personas tienen la dificultad de mantener el contacto visual. Su nerviosismo, estrés, inseguridad, pensamientos constantes y la sensación de ser observados y juzgados constantemente le impiden mantener el contacto visual con su interlocutor. Al sentir que la gente se fija en ellos o que se ríen de su aspecto, podemos notar sus miradas nerviosas y observadoras que van de un lado para otro. Siempre van a tratar de desviar la mirada debido a la incomodidad que les genera que los miren fijamente.

En resumen, hemos aprendido que las personas con baja autoestima e inseguras están constantemente nerviosas y tensas, siempre estarán a la defensiva y reaccionarán hostilmente ante estímulos que le generen desagrado. Por lo cual adoptarán el lenguaje corporal de las personas que se sienten amenazadas y bajo estrés. Debemos recalcar que estos comportamientos son constantes en este tipo de personas, y no solo algo que ocurra de forma breve. Es por eso que debemos establecer una línea base de conductas de estas personas y detectar cuando su nerviosismo se dispara a niveles más altos. También es bastante común que estas personas tengan una gran cantidad de gestos adaptadores ya que viven en constante malestar.

CAPÍTULO IX:

COMO DETECTAR EL INTERÉS ROMÁNTICO

A lo largo del libro he dado unas pequeñas pistas sobre cómo puedes detectar el interés romántico de otra persona. Ya sea leves acercamientos con el cuerpo, o ciertos gestos o movimientos con algunas partes del cuerpo que al menos indican interés y comodidad hacia tu persona. Antes que nada te voy a dar un par de datos interesantes sobre las leves diferencias de detección de lenguaje corporal que hay entre hombres y mujeres, algunas te van a dejar totalmente sorprendido.

Seguramente alguna vez has escuchado hablar de la famosa «intuición femenina». Aunque esto suene a mito o alguna creencia infundada tiene mucho de cierto. Seguramente alguna vez tu madre, hermana, amiga o pareja te ha consultado sobre el color de dos esmaltes diferentes. Si usted es hombre probablemente no haya notado ninguna diferencia notable o evidente en estos dos productos. Pero aunque resulte imposible de creer las mujeres pueden percibir más colores del espectro visible. Así es, seguramente aquella mujer que te pareció que había sufrido un golpe fuerte en la cabeza o que había ingerido alguna sustancia algo dudosa ¡En realidad tenía razón! Aquellos dos esmaltes si eran de colores diferentes, solo que tu no podías percibirlo. Un estudio ha demostrado que las mujeres son más receptivas a los ligeros cambios de color, se cree que esto tiene raíz en nuestros ancestros de hace milenios. Te explico por qué. Todos sabemos que mientras algunos primitivos homínidos salían en búsqueda de alimento, algunas mujeres se quedaban cuidando a sus bebés. Entonces así como una madre puede distinguir los distintos sonidos que realiza un bebé, se teoriza que esta característica para distinguir más colores se debe a un mecanismo evolutivo para notar los pequeños cambios en la piel del bebé, para saber si este tenía frio, calor, si estaba enfermo o nervioso. Además que también se cree que esta gran cualidad ayudaba a distinguir alimentos que ya no se podían ingerir. Entonces cuando tu mujer se tiña el cabello, no te sientas tan culpable si no notas la diferencia, ¡Es que no puedes verlo!

Esto también ocurre a la hora de percibir las señales del lenguaje corporal. Diversos estudios de la Universidad de Harvard, permitieron llegar a la conclusión de que las mujeres son más intuitivas que los hombres a la hora de leer e interpretar el lenguaje corporal. Así como también son más atentas a todo pequeño cambio físico y de comportamiento, mecanismo que las ayudó a sobrevivir en las duras condiciones antiguas y estar atentas a todo mínimo cambio en sus bebes. Así que por estas razones las mujeres son más "intuitivas" y los hombres no notan los pequeños cortes de cabello o esos vestidos nuevos, ahora que la próxima vez que te regañen puedes decir que es una cuestión evolutiva (aunque no lo recomiendo). Ahora en la siguiente sección vamos a armar un pequeño apartado de las leves pero importantes diferencias de los sexos a la hora de leer e interpretar el lenguaje corporal.

Otro factor que debemos tener en cuenta es que hombres y mujeres fijan su atención en distintas partes del cuerpo del sexo opuesto, así como también es distinta la forma de llamar su atención. Los hombres se sienten atraídos por aquellas características que indican longevidad y buena salud a la hora de la reproducción sexual, claramente estos procesos ocurren de forma inconsciente y son mecanismos heredados por nuestros ancestros. Por eso los hombres se fijan en las caderas anchas, los glúteos y pechos de las mujeres que son indicadores de buena salud y genes. Debemos comprender que la atención de los hombres es captada no por la mera existencia de estas partes del cuerpo, sino por la forma en la que las mujeres envían estas señales. Por eso un escote abierto o un pantalón que marca los glúteos son muchos más llamativos para un hombre que si la mujer usara ropas holgadas. Mientras que las mujeres se fijan en los músculos de los brazos, el torso y el abdomen. Ya que esto indica mejor salud física, mejores genes y probablemente un hombre con buen estado físico sea más capaz de defender a la mujer y sus hijos que un hombre que no lo está.

PEQUEÑAS PERO IMPORTANTES

Como hemos dicho anteriormente, las mujeres son más receptivas a la hora de captar estas señales que envía el cuerpo. Por lo que algún gesto o movimiento que no sea natural o sea muy tenso, puede hacerlas sentir muy incomodas, aunque esa no haya sido tu intención. Las mujeres utilizan 16 áreas del cerebro para analizar y tratar de interpretar el lenguaje corporal, mientras que los hombres solamente utilizan de 4 a 6 para la misma tarea. En lo que se refiere a expresiones faciales las mujeres tienen más facilidad a la hora de mostrar o enmascarar sus intenciones. Sus ojos son bastante expresivos, por lo cual, si quieres sacar la máxima cantidad de información posible debes mantener el contacto visual con ella. Aunque si se te queda mirando fijamente con una mirada dura, esto no es una buena señal para nada. Tanto mascotas como niños pequeños entienden a la perfección el lenguaje visual que transmiten las mujeres, siendo este muy poderoso.

En cuanto al uso de la distancia personal, las mujeres prefieren un acercamiento y contacto entre los cuerpos, antes que una aproximación cara a cara, esto último puede llegar a intimidarlas ya que lo toman como una amenaza cuando el contexto no es romántico. Las mujeres se sienten bastante cómodas cuando hay aproximación y contacto entre cuerpos. Cuando las mujeres están felices o tristes o ansiosas, tienen la necesidad de tacto corporal. Es por eso que los abrazos y todo tacto corporal las reconforta.

Siendo congruentes con respecto a su espacio personal, las mujeres consideran el tacto como una expresión de amistad y una demostración de empatía o simpatía. Es por eso que las mujeres son más dadas a dar y recibir este tipo de afecto y no se lo piensan dos veces a la hora de un abrazo, un toque amable o el famoso saludo de beso en la mejilla.

Por otro lado están los hombres y su constante necesidad de demostrar e imponer su masculinidad, así como de marcar territorio. Los hombres no son para nada sutiles a la hora de enviar señales con su cuerpo y de utilizar el lenguaje corporal, y no entienden el significado de estos poderosos mensajes que transmiten durante las relaciones interpersonales. Según diversos estudios, los hombres creen que las acciones son más importantes que cualquier otro tipo de comunicación, la mayoría de los diversos entrevistados estuvieron de acuerdo en que «si tú quieres probar un punto simplemente debes ir y hacerlo». Es por eso que es importante entender porque su lenguaje corporal difiere de la de su contraparte femenina.

A los hombres no les resulta tan fácil como a las mujeres emocionarse o demostrar sus sentimientos mediante expresiones faciales. Por defecto, los hombres regulan sus comportamientos y expresiones y no se permiten demostrar cuanto están nerviosos o preocupados por algo. Esto no quiere decir que sus caras sean inexpresivas, pero estas expresiones faciales utilizadas son inescrutables para la mayoría de las mujeres. Los hombres esconden de forma voluntaria sus sentimientos, porque así lo establece la «masculinidad» predominante en la sociedad, de ahí la dificultad de poder leer sus expresiones faciales.

La mayoría de los hombres se sienten disconformes con otras personas, en especial cuando extraños invaden su espacio personal. Rara vez los hombres entran al espacio personal de otros hombres, solamente cuando hay una relación de amistad que indica cercanía, o para intimidar a esa persona. La invasión de su espacio personal la consideran como una amenaza y una provocación, por lo cual harán valer este espacio íntimo a toda costa.

Los distintos tipos de contacto físico hacen que los hombres se sientan incomodos cuando proviene de otro hombre, sobre todo si se trata de un desconocido. Sin embargo, hay pequeñas excepciones, como un apretón de manos o una palmada en la espalda. Por lo cual, cuando un hombre toca a otro, indica una relación íntima de amistad. Y cuando un hombre toca a una mujer, significa que hay un claro interés romántico de por medio.

Ahora que hemos aprendido estas diferencias sustanciales podremos pasar a la siguiente sección sobre cómo detectar el interés romántico.

EL INTERÉS ROMÁNTICO

Como sabemos estas señales que envía el cuerpo pueden ser muy evidentes o más bien extremadamente sutiles. Es por eso, que iré de lo más evidente a lo más difícil de explicar. Empezaré explicando las señales que envían las mujeres cuando un hombre les resulta atractivo, ya que ellas poseen una gama amplia de gestos, conductas y movimientos a la hora de expresar sus sentimientos, emociones y estados de ánimo.

Como usted bien sabrá, respondiendo al rol de «masculinidad» presente en las distintas sociedades de hoy en día el hombre es el que debe dar el primer paso en la aproximación hacia la mujer y entablar la conversación. Siendo que esta manera la mujer toma un rol "pasivo". Que no se me malentienda, cuando digo que la mujer toma un rol pasivo no me refiero a que la mujer tome (o deba hacerlo) un rol de sumisión en la relación interpersonal, sino que el hombre será el que realice la primer jugada y la mujer acorde a esto enviará distintos tipos de señales, por eso anteriormente he puesto la palabra entre comillas, ya que la mujer también tomará parte en este juego de seducción.

EL INTERÉS ROMÁNTICO EN LAS MUJERES

Como señalamos en la sección 9.2. las mujeres son más receptivas a la hora de interpretar el lenguaje corporal. Así como también son mucho más expresivas. Entonces vayamos por partes.

El primer factor a tener en cuenta será la proxemia, o como le decimos en este libro, el uso de la distancia personal. Las mujeres son más abiertas a la hora de compartir su espacio personal y en el momento de establecer contacto físico, pero esto no quiere decir que tú puedas tocarlas cuando o donde desees. La primera señal que deberás tener en cuenta son los objetos que hay entre tú y ella. Como habíamos comentado en el capítulo de la proxemia, que una mujer ponga objetos entre su cuerpo y otra persona, es una clara señal de su incomodidad y que se siente insegura. Ya que estos objetos servirían de obstáculo o como arma contra un agresor. En cambio, si este espacio lo deja libre, significa que no se siente amenazada y que no te considera un posible agresor. En más, si se siente cómoda, a lo largo de la interaccion se irá acercando a ti.

El segundo factor a tener en cuenta es el tacto. Las mujeres son más abiertas a establecer contacto físico con otras personas. ¡Pero ojo con esas manos, vaquero! Tocar sus partes más íntimas y vulnerables como los pechos, muslos, caderas, abdomen, glúteos o genitales en los primeros momentos de la interaccion no es una buena idea, incluso siendo que la mujer te encuentre atractivo. Todos hemos sido testigos de alguna persona que ha sobrepasado los límites en los primeros minutos de la interaccion o incluso sin haber establecido una charla le toco estas partes tan intimas tomando por sorpresa a la mujer, y todos sabemos que eso no terminó nada bien. Por lo cual, si quieres tener chances de que esto vaya más a fondo, evita este tipo de contactos no solicitados. Entonces las partes del cuerpo que podrías tocar son manos, codos, hombros, y en algunos casos las mejillas. Por otra parte si ella establece contacto físico contigo es una muy buena señal. Significa que le generas confianza y que da pie a que tú también puedas tocarla.

Ahora el tercer factor a tener en cuenta son sus piernas y brazos. Si, seguro recuerdas que te he contado como una persona incomoda, insegura o amenazada, tiende a replegar estas estas extremidades y aproximarlas a su cuerpo, protegiendo sus partes más vulnerables. Sabes que los pies también dicen mucho de una persona. Si notas que está mal sentada, con los pies apuntando hacia afuera de la silla como si quiera levantarse, esto no es una buena señal, significa que quiere "huir" de esta interaccion. En cambio si estas extremidades apuntan hacia ti y se acercan de forma paulatina, indican un interés y que le proporcionas seguridad.

El cuarto factor a tener en cuenta son los movimientos de la cabeza. Hay dos movimientos que son cruciales a la hora de saber más de sus intenciones. El primero de ellos es que asienta con la cabeza mientras tú hablas, recuerda que esto significa que concuerda contigo y encuentra coherente lo que dices. Aunque si estos movimientos son bruscos, repetitivos y antinaturales, significa que se está aburriendo de ti o que finalices con ese tema, o con la charla en general. El segundo movimiento a tener en cuenta es el de ladear la cabeza hacia algún costado. Generalmente este gesto está acompañado de una sonrisa autentica. Esto significa que le atraes y que dejar su cuello expuesto de esta forma es una muestra de sumisión, que confía en ti y que siente gran atracción hacia tu persona.

Ahora entraremos en terreno más fangoso, el de las expresiones faciales. El quinto elemento a tener en cuenta es que en su rostro no aparezcan expresiones que sean para expresar ira, desagrado o desprecio. Si ves que alguna de sus facciones se tensiona o que tienden a ir hacia abajo, es que no vas por buen camino. Mientras que si estas facciones están relajadas y tienden a apuntar hacia arriba, es que todo marcha bien.

Antes de pasar al siguiente punto quiero hablar sobre un gesto que es bastante ambiguo: la de morderse el labio. Si bien es considerado como un gesto de invitación y que la mujer siente mucha atracción por ti, debes tener en cuenta que morderse el labio también es un gesto adaptador, que se utiliza para calmar los nervios. Así que afila tu sentí de la observación y ten cuidado con eso.

El sexto refiere al de las sonrisas. Seguro recuerdas que aquellas sonrisas antinaturales son tensas, asimétricas y duran más de lo normal. Sumado a que en una sonrisa natural aparecen pequeñas arrugan a los costados externos de los ojos. Una sonrisa falsa es sinónimo de que está escondiendo se desagrado hacia algo que dijiste o hiciste.

Y por último están los ojos. Este es el órgano del cuerpo más difícil de interpretar, no solo por su pequeño tamaño, sino porque las reacciones que ocurren aquí son incontrolables, instantáneas y fugaces, por lo cual sean muy difíciles de detectar. Pero te voy a dar una serie de consejos para que sepas cuando una mujer está interesada en ti. Cuando nuestros ojos ven algo de nuestro agrado, las pupilas se dilatan. Lo mismo ocurre cuando vemos a las personas que nos interesa o nos gusta, nuestros ojos se abren y nuestras pupilas se dilatan. Debes estar muy atento a esto, ya que es algo que ocurre en cuestión de un pestañeo, literalmente. El contacto visual siempre es importante. Si una mujer te mira detenidamente mientras hablas es una buena señal, le interesa lo que hablas. Un gesto bastante común y que indica mucho interés y atracción es cuando inclinan levemente hacia abajo la cabeza y dirigen una mirada hacia arriba a donde estas. Esto es considerado como una mirada atractiva. Aunque no está comprobado del todo, muchas mujeres que se sienten atraídas por un hombre, tienden a mirarle los labios mientras estos están hablando.

Ya hemos repasado todas las señales y movimientos importantes para interpretar el comportamiento de una mujer y saber si está interesada en ti. Cabe aclarar que estas señales deben ser puestas en contexto. Por ejemplo, que en una entrevista de trabajo, tu entrevistadora se incline levemente hacia ti no necesariamente significa que le gustas, sino más bien que estaba acomodando su asiento o se acercó a ti para escucharte mejor.

EL INTERÉS ROMÁNTICO EN LOS HOMBRES

En la sección 9.2. mencionamos como los hombres tienden a ocultar sus emociones y a ser menos propensos de expresarlas mediante sus gestos faciales. Pero, a la hora de entrar en acción son mucha más directos y evidentes, por lo cual, aunque sus señales sean pocas, hay una serie de conductas que son muy fáciles de interpretar y que te proporcionaran la información necesaria para saber si ese muchacho que tanto te gusta también gusta de ti. Vamos a utilizar el mismo orden de gestos que utilizamos en la sección anterior.

Cuando se trata de distancia ya hemos hablado que los hombres son mucho más recelosos a la hora de compartir su espacio personal o de entrar en contacto físico. Que otros hombres los toquen es tomado como una invasión a su espacio íntimo y una provocación a una pelea física. Únicamente hace contadas excepciones cuando se trata de amigos íntimos o familiares. Pero diversos estudios han revelado cierta información particular. Esta encuesta muestra que los hombres se mostraron mucho más abiertos a que una mujer por la cual sienten atracción establezca contacto físico. Y que a diferencia de las mujeres, no se sentían amenazados si esta mujer los tocaba en sus partes vulnerables. Aunque, como la interpretación es bastante arbitraria, te recomiendo que tocarle los genitales o muslos a un hombre no sea tu primera opción. Empieza con establecer contacto tocando distintas partes de los brazos, y luego del rostro, al mismo tiempo que aproximas tu cuerpo al de él.

En cuanto al tacto la mayoría de los hombres son más directos a la hora de establecer contacto con la chica por la cual sienten atracción. Si rodea tu cintura con su brazo, si toma tus manos, si acaricia tu mejilla o si te frota los muslos (en caso de que tú lo dejes) son signos de que siente atracción por ti y está tratando de seducirte.

En cuanto a los gestos de los brazos y piernas no hay mucho que decir con respecto a los hombres. Por lo general, en muy pocas ocasiones un hombre se sienta amenazado por una mujer. A lo sumo, si tu notas que se cruza de piernas y retrotrae las piernas cuando estas intentando acercarte a su espacio personal y establecer contacto físico, puede ser señal de que se siente incómodo por tu actuar o es algo inseguro, también puede significar que se está cerrando a ti y no está interesado en usted.

Por ultimo están las expresiones faciales. Pero como dijimos dos secciones antes, los hombres no tienen muchas expresiones faciales a la hora de manifestar su atracción sexual. Debes prestar atención a que no frunce el ceño, ya que eso es señal de que está enojado. Que desvíe la mirada puede ser signo de inseguridad o que no está interesado. Y que mantenga contacto visual es sinónimo de que está interesado en ti. Sobre todo si con su mirada recorre tu cuerpo.

Ya hemos repasado toda la información necesaria para que detectes si una persona está interesada en ti, ya sea hombre o mujer. Hemos visto como hombres y mujeres difieren en algunos aspectos pero que son fundamentales a la hora de entender su comportamiento. Puede que los hombres tengan menos formas de expresar sus sentimientos, pero cuando lo hacen siempre son directos y no dudan en ir a la acción.

CAPÍTULO X:

COMO DETECTAR UNA MENTIRA

A lo largo de los capítulos de este libro hemos repasado los distintos comportamientos y gestos no verbales que aparecen en determinadas situaciones y contextos, que nos dan pistas claras acerca de los sentimientos, emociones y estados de ánimo de las personas. Ahora con toda esta información a nuestra disposición vamos a adentrarnos en un tema que aún es un misterio para los grandes científicos que tratan de dejar al descubierto sus secretos: la mentira. El engaño es uno de los comportamientos más difíciles de identificar, sobre todo para aquellas personas que no están especializadas en el tema del lenguaje corporal. Médicos, psicólogos y psiquiatras tienen un arduo trabajo para detectar el engaño en los pacientes. Piensa en las veces que un médico habrá atendido a alguna víctima de violencia física y no pudo dar con la mentira. Seguro por su experiencia y formación habrá sospechado, pero ante las incesantes negaciones de la víctima no tuvo más remedio que creerle. Psicólogos y psiquiatras pasan por la misma situación, atendiendo pacientes semanalmente o mensualmente, conociendo gran parte sus vivencias del día a día y experiencias pasadas. Pero aun así son incapaces de detectar la mentira en muchos casos. Incluso agentes del FBI y la CIA, a pesar de su extensa formación en este campo, son incapaces de detectar la mentira la mayoría de las veces, algo que va en contra de la creencia común.

LA MENTIRA

La mentira es una de las herramientas a nivel comunicación que tenemos a disposición para utilizar en distintas situaciones. Mayormente es utilizada para influenciar a una persona, para tergiversar información con el fin de obtener beneficios o solamente como una mentira piadosa. ¿Quién alguna vez no le dijo a su hijo que comer esas verduras lo ayudaría a volar? Es así como empleamos este mecanismo con el fin de ejercer cierto control. Hay todo tipo de mentiras, desde chiquitas a grandes, de benignas a extremadamente dañinas: las que se utilizan para enmascarar hechos, errores, actos vergonzosos o mentiras previas; las que se utilizan para difamar a otra persona mediante la burla o la

189

creación de hechos falsos con el fin de socavar su reputación; la creación de desinformación que es utilizada de forma intencional para esparcir información que no es cierta; las exageraciones que son comúnmente utilizadas para engrandecer hechos o cualidades, generalmente de uno mismo; las mentiras piadosas que se utilizan generalmente por los adultos con los niños para que realicen una acción que los beneficiaria; o la mitomanía o mentira patológica, que es un desorden mental en donde la persona siempre se ve inclinada a mentir y distorsionar los hechos en vez de decir la verdad, o para manipular a otra persona.

Entonces podemos observar como a pesar que moralmente y éticamente la mentira está mal vista, es utilizada en una gran diversidad de situaciones y contextos. Podemos encontrar este elemento en distintas obras de ficción como Pinocho, Lie to Me o incluso en el libro bien conocido de George Orwell: 1984, en donde el Ministerio de la Verdad representaba una entidad estatal que tenía como objetivo dispersar propaganda, distorsionar los hechos y amoldar la información según la conveniencia del partido político que gobernaba.

La mentira es tan antigua como el ser humano mismo, es un mecanismo que tiene una gran efectividad cuando es empleado, pero, en caso de ser descubierto el engaño tiene severas consecuencias negativas en quien mintió. Los humanos no somos los únicos que mentimos, diversos estudios han podido comprobar como gorilas emplean esta técnica. Incluso los perros de algún modo "ocultan la verdad" cuando realizan un acto que saben que es reprochable. Se sabe que hombres y mujeres mienten en la misma cantidad, pero ambos lo hacen con fines diferentes y empleando distintas técnicas. Mientras que mayoritariamente los hombres mienten para elevar su estatus y engrandecerse a sí mismos, las mujeres lo hacen para hacer sentir bien a otras personas. Si bien, mentir puede resultar beneficioso en algunos casos y no realizar ningún daño a terceros, cuando esto se vuelve frecuente puede traer severas consecuencias, siendo que en algunos casos se desarrolle la anteriormente mencionada mitomanía.

¿POR QUÉ MENTIMOS?

Se cree que los humanos mentimos demasiado a lo largo del día, ya sea a otras personas o a nosotros mismos. "Mañana empiezo la dieta", "El jueves comenzaré a hacer ejercicio", "Yo no he comido las galletitas de la alacena" y "Yo no rompí eso" son de las mentiras más frecuentes que usamos todos los días. Las usamos para evadir responsabilidades o para evitar conflictos. Hay cierta evidencia (no concluyente todavía) que podría indicar que las personas más inteligentes son las que más mienten.

Entonces entre las razones por las cuales mentimos podemos encontrar las siguientes:

1) Para evadir un castigo: esta es la razón más usual. Quien alguna vez no ha realizado un acto indebido, como romper algo valioso, comer algo que no debíamos o utilizar las cosas de nuestros padres sin su permiso. Con tal de evadir el sermón y el posterior castigo los limitábamos a mentir. Tenga en cuenta que si usted es un padre o madre que es demasiado severo con sus hijos, aplicar castigos cada vez mayores y de forma más frecuente no ayudará a que su hijo diga la verdad, sino todo lo contrario. Su hijo, impulsado por su gran miedo, ya sea a usted o al castigo en sí, mentirá.

2) Proteger a una persona de algún daño: esta también es una de las razones más importantes

por las cuales mentimos. Seguramente no querrías que tu amigo más cercano se entere que su ex pareja, con la cual ha cortado recientemente, ya está saliendo con alguien más. Con tal de evitar su dolor emocional, tú le ocultarás la verdad o simplemente le dirás una mentira si es que el tema sale a flote durante la charla.

3) Para autoprotección: la mentira es utilizada aun cuando no hemos roto ninguna norma social o se ha realizado algún acto reprochable. Sería una forma de autoconsolarnos y permitir que nos sintamos mejor. Por ejemplo: cuando estamos pasando por un gran pesar emocional por la pérdida de un ser querido, y nos decimos que "se encuentra en algún lugar mejor", aun no teniendo la certeza de ello.

4) Para ser políticamente correcto: imagínate si fuéramos por la vida soltando cada cosa que pensáramos o manifestáramos todo el tiempo nuestros estados de ánimo. Creo que todos hemos pasado por situaciones que ponen a prueba nuestra paciencia, y han pasado por nuestra mente pensamientos bastante

incorrectos o palabras para nada agradables. Lo más probable es que le haya sucedido cuando tuvo que hacer una gran fila o incluso ser cortes con alguien que no le agradaba para nada. También este tipo de mentiras es usada para halagar a una persona que nos agrada aunque su atuendo o fiesta no haya sido de nuestro agrado. Decirle a tu amigo más cercano que su atuendo es horrible o que su fiesta de cumpleaños fue totalmente aburrida heriría sus sentimientos.

¿POR QUÉ ES TAN DIFÍCIL DETECTAR UNA MENTIRA?

Identificar la mentira es una tarea bastante difícil. Como hemos mencionado en el capítulo III, incluso las maquinas que se han fabricado para detectar mentiras, como el polígrafo, solo tienen un 72% de efectividad a la hora de dar indicios sinceros de un engaño. Policías, agentes, médicos, abogados, científicos, psicólogos y psiquiatras, profesionales que parte de su tarea es poder detectar el engaño aún no han dado con un método efectivo para hacerlo. ¿Pero por qué sucede esto?

Dentro de la mentira intervienen diversos factores que dificultan esta ardua tarea. Debemos entender que la mentira es un mecanismo que se aprende desde que somos infantes, utilizando esta estrategia comunicacional de forma frecuente y perfeccionando día a día las técnicas y métodos que usamos para mentir, siendo que a menos que la persona nos conozca hace años – un padre, una madre, un hermano, un amigo muy cercano – es muy difícil que nos descubran mintiendo, hasta incluso siendo que a veces hemos podido engañar a estas personas que nos conocen muy bien. Debemos ser conscientes que una persona que miente en la mayoría de sus interacciones y emplea bastante seguido el engaño, ya tiene bastando afilados estos mecanismos, por lo cual detectar que no está diciendo la verdad será bastante difícil. Y en los casos más graves, de mentirosos patológicos, no solo emplean distintas artimañas para despistarnos, sino que usarán ruines técnicas de manipulación emocional para que nos compadezcamos de sus acciones o situación, o logrando distorsionar los hechos de tal forma que nosotros nos sintamos culpables por algo que no es nuestra responsabilidad.

También tenga en cuenta que aquellas señales que nos dan claros indicios de que algo no anda bien pasan desapercibidos para la mayoría de las personas, ya sea porque en toda interaccion social solemos fijar la mirada en el rostro, o porque estas señales ocurren en cuestión de segundos. Por lo tanto, la información que se le proporcionó en los capítulos anteriores, complementada con lo que encontrará con este capítulo le proporcionara las herramientas no solo para que tenga mayor facilidad para detectar una mentira, sino para protegerse de personas manipuladoras que querrán socavar sus mecanismos de defensa y manejarla a su antojo.

CONVIÉRTETE EN UN BUEN INTERROGADOR

Alguna vez ha visto una película policial y seguro se emocionó en cómo estos agentes de las fuerzas armadas presionan al sospechoso y le sacan una confesión por presión psicológica o física. Pero nada más alejado que la realidad. A menos que la persona sea un mentiroso patológico o haya recibido previamente un entrenamiento especial para aguantar todo tipo de presiones – sean físicas o psicológicas- para no decir la verdad, la mayoría de las personas confiesan rápidamente debido al malestar que les

196

genera haber cometido un acto incorrecto. Por eso mientras mayor sea la falta, mayor será el malestar que le genera y cederá más fácilmente.

Si quieres lograr una confesión debes tener en cuenta varios elementos vistos en capítulos anteriores. Tu interlocutor no debe considerarte una amenaza, sino más bien alguien amigable. Por eso el espacio físico, los gestos, los comportamientos, las miradas y las palabras que utilices serán importantes para inclinar la balanza a tu favor. Aunque intentes descubrir una mentira, debes mantenerte neutral y no tomar un papel acusatorio, sino tu interlocutor se pondrá a la defensiva. La mejor forma de actuar es haciendo preguntas claras y concisas acerca de la información y los sucesos que quieres que la persona de a conocer.

Incurrir en maltratos psicológicos o físicos tiene el efecto contrario en la psiquis humana. Mientras más maltrato sufra una persona, mayor será su temor de confesar a futuro una mentira. Es por eso que la gentileza y la asertividad serán nuestras dos herramientas más importantes a la hora de detectar una mentira. ¿Por qué hablo de estas dos cualidades en específico? Presionar a una persona generará en ella una muy mala imagen de usted, por eso la cortesía y gentileza a la hora de entablar una relación son fundamentales para que nuestro interlocutor esté más dado a proporcionarnos información. No debemos presentarnos como su enemigo, sino más bien como alguien de confianza con quien puede decir la verdad y liberar todo ese peso y malestar que le genera la mentira. Y ahí entra en juego la asertividad, que nos permitirá identificar aquellas palabras, preguntas y comportamientos que sean los más adecuados para que la persona admita su mentira. Por ejemplo, si usted es un padre que descubrió que su hijo ha faltado a clases, tiene calificaciones bajas o incurre en el uso de drogas o alcohol, mostrarse violento y poco comprensivo con su hijo no será de ayuda. Una de las necesidades más exigidas por las personas, es la de ser comprendido. Si usted da pie a que su hijo comparta su malestar y el por qué ha incurrido en realizar esos actos, seguramente este esté más dispuesto a admitir su falla y decirle la verdad. Nuestro cerebro siempre reacciona mejor ante los estímulos positivos y las recompensas. Por lo cual, si usted le proporciona comprensión, contención y amor (estímulos positivo/recompensa) a su hijo, antes que algún castigo físico o prohibitivo, el cerebro relacionará decir la verdad a algo bueno.

Otra forma de detectar la mentira o lograr la confesión es establecer una línea en el relato. Usted debe preguntarle al presunto mentiroso sobre aquel asunto que cree estar ocultando, debe pedirle que proporcione información detallada. Una vez que termine de contar el relato debe de pedirle que cuente que ocurrió antes y después de ese suceso. Por lo general los mentirosos siempre planean con anterioridad lo que van a decir para ocultar los verdaderos hechos. Planean con suma meticulosidad las palabras que van a decir y donde se encontraban y que estaban haciendo en ese preciso momento, de forma que esto resulte creíble. Pero la mayoría de las veces se olvidan de pensar si esta mentira concuerda con su rutina previa y posterior al hecho que quieren ocultar. Así que preguntarle donde se encontraba y que hacía, tanto previamente como posteriormente al suceso, ayudará a revelar si hay contradicciones en la totalidad del relato. Otro método bastante eficiente es volver a incurrir en lo que preguntó previamente, que cuente varias veces de forma pausada, lenta y detallada la entereza de los sucesos. Como dicen por ahí, la mentira tiene patas cortas, y es un hecho comprobado que nos cuesta recordar sucesos que no han ocurrido, es decir, nos cuesta memorizar nuestras propias mentiras.

A la hora de interactuar con una persona, ya sea para "sacarle" la verdad o cualquier otro tipo de relación interpersonal, siempre debes tener una visión clara acerca de su cuerpo. Evite que haya objetos entre usted y su interlocutor, esto le permitirá poder observar el comportamiento de su cuerpo. A la hora de detectar el nerviosismo debes esperar que pasen unos pequeños minutos, ya que en determinadas situaciones, como una entrevista, un examen importante o una conversación seria, es normal que la otra persona se muestre nerviosa al principio. A medida que hagas las preguntas deberás estar atento al comportamiento no verbal de la persona. Utilizar preguntas concisas y pausadas te ayudará a que puedas observar el lenguaje corporal, al mismo tiempo que este método permite que la otra persona se sienta relajada y no bombardeada por una cantidad de preguntas sin fin una tras otra.

CORAZÓN DELATOR

Famoso es el cuento «Corazón delator» del reconocido y aclamado autor estadounidense Edgar Allan Poe. Si estaba en tus planes leerlo este es el momento de hacerlo, porque a continuación de esto revelaré partes importantes del relato que pueden arruinarte la lectura que tenías en mente. Esta historia nos presenta a un narrador que se obsesiona con el ojo enfermo de un anciano con el que convive. Después de estudiar y planear meticulosamente el asesinato decide llevarlo a cabo. Luego de cometer el crimen decide esconder el cadáver del anciano bajo el suelo de la habitación. Cuando la policía acude al lugar el narrador se muestra tranquilo y cordial con los agentes. Pero a medida que pasa el tiempo, el malestar en su interior va en aumento, hasta que no lo puede soportar más y decide confesar el crimen, revelando el cuerpo que se ocultaba debajo del suelo.

Más allá de que el cuento tiene una gran variedad de interpretaciones, lo representado en el cuento se puede relacionar con el malestar que les produce a las personas ocultar una mentira. Aquellos que deben cargar con el conocimiento de mentiras o delitos les resulta difícil mantenerse tranquilos, su angustia y tensión puede notarse con suma facilidad. Por eso se debe hacer énfasis en los elementos mencionados en la sección 10.4. Si consigues que el interlocutor se sienta cómodo contigo, las manifestaciones de malestar producidas por la mentira serán más evidentes.

Desde el principio de la interaccion debes crear un ambiente cálido y que resulte cómodo para la otra persona. Tus gestos y posturas deben ser abiertos, invitando a que la otra persona se acerque a ti y que tranquilamente puede relacionarse contigo.

Todos hemos observado cuando una persona siente malestar, incluso nosotros mismos hemos experimentado esas sensaciones. Nos frotamos las maños, nos comemos las uñas de las manos, cerramos nuestra postura, nos revolvemos en nuestro asiento, nuestros pies se vuelven inquietos o tomamos algún elemento con las manos para jugar con él, entre otros comportamientos. Cuando nos sentimos amenazados todas las reacciones de nuestro cuerpo cambian. ¿Recuerdas la «reacción de lucha o huida»? Pues seguro te acuerdas que ese mismo mecanismo hace que nuestro cuerpo sufra distintos cambios a nivel fisiológico: nuestro cardiaco se acelera, nuestro cuerpo empieza a sudar, nuestros músculos se tensan y así con el resto del cuerpo. Bueno, pues estas reacciones físicas no demuestran que la persona este mintiendo, pero sí que está bajo estrés. Debes recordar que nuestros pies indican gran cantidad de información sobre una persona. Si esta quiere huir seguramente sus pies apunten a la salida, si se siente incómodo y poco seguro los esconderá debajo de la silla o los retrotraerá hacia su cuerpo, si está muy nerviosa seguro mueva los pies o las piernas o ambas incesantemente de arriba a abajo o hacia los costados. También recuerda los pequeños movimientos que efectúa con respecto a la distancia física y su espacio personal: si se alejaba o adoptaba posturas cerradas significa que no se siente cómodo con tu presencia o te percibe como una amenaza, adoptar posturas cerradas puede ser una clara señal de que tiene miedo y protege sus órganos vitales. También debes estar atento al rostro, si le produces desagrado los gestos de desprecio serán evidentes, en como todo su rostro se arruga, los labios se fruncen, la mandíbula se tensa y las cejas se arquean hacia abajo. Toda persona que esté mintiendo por lo general querrá mantener distancia contigo, sin querer entrar en contacto físico. Recuerda sobre las sonrisas falsas, si estas aparecen con demasiada frecuencia o se prologan durante demasiado tiempo es sinónimo de que son actuadas.

También debes tener en cuenta que el hecho de hablar no es sinónimo de veracidad. Está muy esparcida la creencia de que una persona dada y charlatana es alguien digno de confiar y que todo lo que dice es verdad. Pues, no es tan así. Que una persona calle durante periodos largos de tiempo puede ser signo de timidez, o de alguna otra preocupación que tiene en mente. Todo lo que su interlocutor le cuente deberá constatarlo con los hechos.

Teniendo en cuenta lo que hablamos en la sección anterior, en como los mentirosos ensayan sus mentiras, despistarlos con alguna pregunta inteligente puede dejarlos al descubierto. Cuando a ti te preguntan sobre algún hecho, la respuesta aparece rápido en tu mente sin que hayas tenido que razonarla. Con los mentirosos ocurre todo lo contrario, en su afán por ocultar la verdad, su reacción y respuesta será más lenta, ya que deberán pensar en la mentira antes de comunicarla.

Todos estos comportamientos y gestos de los que hemos hablado anteriormente harán presencia cuando una persona miente. Sin embargo, debes entender que estos son indicadores de que la persona se siente amenazada y se encuentra bajo estrés y no de que esté mintiendo. Toda persona que no esté ocultando ninguna mentirá se pondrá nerviosa y manifestará algunas de estas señales, por eso la mentira es tan difícil de detectar. Una garganta seca, unos pies que se retrotraen, un ceño fruncido son más bien gestos que demuestran el malestar. Y presionar a la persona para que confiese algo que no ha hecho inducirá mayor estrés, provocando que estos signos se vuelvan más evidentes e intensos, lo que lleva a un círculo vicioso en donde usted creerá que está a punto de quebrar a la persona y obtener una confesión, cuando no es así. Hay distintos casos conocidos, en donde agentes del cuerpo policial llevaron al límite a presuntos sospechosos de cometer un crimen, los presionaron tanto que las personas por pura inercia y nerviosismo confiesan algo que no han hecho solo para obtener un poco de paz y lograr que esa situación tan estresante y traumante termine de una vez.

UNA ÚLTIMA ADVERTENCIA

Cuando utilices estos métodos debes de tener mucho cuidado de no estar enfrentándote a una persona con una psicopatía, o como se lo conoce comúnmente, a un psicópata. Esta clase de personas son conocidas por su increíble encanto superficial y su inteligencia. Seguro tengan gran facilidad a la hora de seducirte, mostrando una autoestima rebosante y una gran capacidad de oratoria. Pero esto no es más que la máscara que utilizan para ocultar su verdadera identidad. Estos comportamientos que a primera vista parecen tan agradables y honestos no son más que la punta del iceberg, son producto de su verdadera personalidad. Este comportamiento tan desinhibido y confianzudo que poseen, es debido a su trastorno narcisista de la personalidad, donde tienen un gran ego para compensar su carencia de autoestima. Tienen una gran percepción de su persona y sus habilidades, teniendo delirios de grandeza y de éxito. Esta clase de personas se caracteriza por tener una empatía reducida y un remordimiento casi inexistente al cometer actos maliciosos.

Usted no debe dejarse llevar por el mito del psicópata tan popular que abunda hoy en día, que generalmente es callado y reservado, o que muestra comportamientos violentos frecuentemente. La persona con psicopatía al principio será un encanto, pero a medida que la relación se vuelva más cercana empezará a implementar una serie de mecanismos de manipulación emocional en donde siempre se posicionará como víctima, logrando de esta forma que usted actué para complacerlo. Siendo que la persona con psicopatía nunca asumirá la responsabilidad de sus acciones, palabras o sentimientos, siempre será culpa de un factor externo. La persona con este tipo de trastorno tiene problemas para controlar su comportamiento, siendo bastante impulsiva e irresponsable. Su afectividad es frívola, casi nula, siendo sus respuestas emocionales meramente superficiales y fingidas. Tiene conductas crueles y maliciosas, caracterizadas por una falta de sensibilidad hacia el bienestar físico de terceros.

La persona con psicopatía durante la fase de seducción se mostrará plenamente abierta hacia usted, pero no será más que una fachada. Se establecerá una relación bidireccional, en donde el psicópata encontrará en las apetencias y carencias del otro la forma de seducirlo. Es importante recalcar que una característica fundamental de la persona con personalidad psicopática es la capacidad de poder detectar las carencias y falencias del otro. Una vez que esta fase termina es cuando comienza a revelarse la verdadera personalidad del psicópata.

Un psicópata es un mentiroso patológico y un manipulador por excelencia. Una persona mentirosa patológica es una persona fría emocionalmente y calculadora, ya que rara vez manifiesta sus verdaderas emociones. Por lo cual si trata de desenmascarar sus mentiras no solo que la tarea se volverá infructuosa, sino que se verá envuelto en un círculo de manipulación emocional y victimismo, donde el psicópata conseguirá desviar el foco del asunto que usted desea abarcar y hacerle sentir que toda la responsabilidad es de usted. Es importante recalcar que el manipulador hará uso de diversas técnicas psicológicas: chantaje, victimismo, dependencia emocional, maltrato verbal ignorar, desprenderse de la responsabilidad, entre otras. Y cuando estas dejen de funcionar empezará a hacer uso de la agresión física, si es que está ya no ha sido usada.

Mi recomendación acerca de estos casos es no hacerle frente a esta clase de personas. Querer lograr una confesión de parte de ellos es infructuoso. Solo logrará que el manipulador socave su autoestima y se salga con la suya. Además que en algunos casos, el manipulador se verá amenazado por estos comportamientos de confrontación y usará la violencia física para eliminar todo comportamiento que considere de rebeldía. Por lo cual si usted tiene una relación con alguna persona de esta clase, le aconsejo cortar con este tipo de vínculo. El psicópata posee un cerebro que ya está programado para usar estos mecanismos, eso sumado a su incapacidad de controlar sus conductas y su gran concepción que tienen de sí mismos hace imposible que quieran y puedan cambiar. Son personas extremadamente violentas que buscaran ejercer un control total sobre su víctima. Primero la seducirán y luego destruirán su autoestima, aislándola de sus amigos y familiares. Y llegado algunos casos, manipulándola para que abandone su trabajo o estudios.

CAPITULO XI:

EL USO DE LA INTELIGENCIA EMOCIONAL PARA RECONOCER LOS DISTINTOS TIPOS DE PERSONALIDAD

El concepto de «inteligencia emocional» fue elaborado por el psicólogo Edward Gardner en 1983. Este concepto estaba contenido dentro de la «teoría de las inteligencias múltiples», en donde a día de hoy el psicólogo junto a su grupo de colaboradores ha elaborado una lista de 12 tipos distintos de inteligencia, entre las cuales se encuentra la inteligencia emocional. Pero nosotros en este capítulo nos vamos a centrar en esta última, sus distintas funciones en los distintos ámbitos de la vida y su utilidad para reconocer los distintos tipos de personalidad, los cuales también abordaremos.

En su momento la inteligencia emocional fue presentada como un tipo de inteligencia que era capaz de tener influencia en el éxito de los distintos ámbitos de la vida de las personas, en mayor medida que ciertas habilidades intelectuales o cognitivas. Por esta razón, aquellas habilidades relacionadas con la capacidad intelectual, comenzaron a ser relegadas para darle más importancia a aquellos elementos relacionados con lo emotivo, como por ejemplo poder empatizar con las densas personas para establecer vínculos sociales óptimos, o tener conocimiento de nuestros sentimientos para luego utilizarlos de la manera más efectiva.

Este tipo de inteligencia pasó a ser estudiada por distintas disciplinas y ser utilizada en muchos ámbitos de la vida. La inteligencia emocional es utilizada para que los trabajadores formen vínculos laborales de cooperación dentro de la empresa, o para que los alumnos puedan desarrollarse no solo académicamente sino también personalmente y así conseguir mejores calificaciones.

¿QUÉ ES UNA EMOCIÓN?

La emoción puede ser definida como aquella reacción que es provocada por ciertos estímulos externos o internos. Dicho de otro modo, es la adaptación evolutiva ya programada en nuestro cerebro que permite que nuestro cuerpo reaccione de determinada siempre y cuando se nos exponga al estímulo correcto. Estos estímulos pueden ser

211

sucesos, recuerdos, personas, lugares u objetos. Las distintas emociones provocan varias reacciones a nivel psicológico, siendo que alteran nuestra atención y activan ciertas conductas que ya tenemos incorporadas. A su vez las emociones activan respuestas inconscientes e instantáneas en todo nuestro sistema corporal, de esta forma, se originan por ejemplo las expresiones faciales. Resumiendo de una forma más simple, una emoción es la respuesta interna más óptima que nuestro cerebro ha encontrado para responder ante determinado estimulo.

Los científicos llegaron a un consenso acordando que en total hay seis emociones principales, las cuales serían universales y biológicamente innatas. Estas fueron denominadas «Las Seis Grandes Emociones», que son: el asco, la felicidad, la ira, el miedo, la tristeza y la sorpresa. Estas son las respuestas más básicas ante distintos estímulos. Es importante que una emoción puede desencadenarse producto de uno o más estímulos. Mientras que un mismo estimulo no puede desencadenar más de una emoción. Estas distintas emociones comienzan a desarrollarse en los primeros meses de vida del ser humano, en donde en esta etapa el bebé ya posee la capacidad de reconocer emociones negativas y positivas. Durante la niñez se empiezan a manifestar otro tipo de emociones básicas, aparece la empatía y como los sentimientos generan respuestas diferentes. La adolescencia resulta ser la etapa más conflictiva del ser humano, donde se experimentan diversos cambios en las emociones y en el manejo de estas. Es la adultez la última etapa, donde se espera que el humano adulto ya sea capaz de identificar y reconocer tanto las emociones propias como las ajenas, así como también de poder controlar adecuadamente estas. El adulto, gracias a la inteligencia emocional ya es capaz de utilizar la autorregulación emocional.

¿QUÉ ES LA INTELIGENCIA?

No hay un consenso general acerca de la definición de inteligencia. Siendo que esta es relacionada con la comprensión, el aprendizaje, el razonamiento, la creatividad, el pensamiento crítico, la capacidad de resolución de problemas, la lógica, la autoconciencia y la planificación. Resumiendo todos estos conceptos, la inteligencia es vista como la capacidad de observar, analizar, retener información y luego utilizarla. Es difícil juntar en una sola definición todos los conceptos, habilidades y cualidades relacionados a la inteligencia.

La inteligencia evoluciona y varía a lo largo de la edad. Es la capacidad mental que posee un individuo (o animal) para adaptarse a su entorno. La inteligencia ha sido dividida en tres, cada una de ellas conectadas entre sí. Primero está la inteligencia natural, que es la capacidad biológica e innata del individuo. Luego le sigue la inteligencia social, que se puede observar a partir de las conductas. Y por último esta la inteligencia psicométrica, que se investiga a partir de la evaluación de test psicológicos, lo comúnmente llamado Cociente Intelectual.

INTELIGENCIA EMOCIONAL

Entonces ahora que tenemos las definiciones de «emoción» e «inteligencia», así como algunas de sus características principales, podemos definir lo que vendría a ser la «inteligencia emocional». Entonces la inteligencia emociona es la capacidad que tienen los individuos de reconocer sus propias emociones y la de los demás, diferenciar estas emociones, y ser asertivos a la hora de utilizarlas o manifestarlas, pudiendo manejar o ajustar las emociones para adaptarse a los distintos ambientes o para lograr un objetivo.

¿Funciona la inteligencia emocional? Diversos estudios afirman que desarrollar esta cualidad les ha permitido a los alumnos obtener mejores rendimientos académicos y a los trabajadores mejores rendimientos laborales. Pero veamos por qué.

Para entender mejor de lo que va la inteligencia emocional voy a enumerar sus principales cinco características, que tienen un consenso general y son de mucha ayuda a la hora del desarrollo personal de las distintas habilidades que poseemos. Aquí vamos:

1) **Autoconocimiento**: dentro de esta característica se encuentra el autoconocimiento emocional, que implica el reconocimiento de nuestras emociones y sus efectos. Le sigue una autoevaluación precisa, que nos permite conocer con profundidad nuestras fortalezas y límites. Y por último la autoconfianza, estar seguro de nuestro valor y dignidad como personas y de nuestras habilidades.

2) **Autorregulación**: refiere al autocontrol, la capacidad de manejar de forma eficiente nuestras emociones e impulsos. La capacidad de

mantener nuestros estándares de honestidad e integridad intactos. La cualidad de asumir la responsabilidad por nuestros actos. La capacidad de flexibilidad ante las adversidades y el cambio. Y la capacidad de innovación, estando siempre abiertos ante nuevas ideas e información nueva.

3) **Automotivación**: estar siempre comprometidos a mejorar en el día a día, motivándonos a mejorar y desarrollar nuestras habilidades y alcanzar un estándar de excelencia. Dentro de este punto también está la capacidad de compromiso, comprometiéndonos con los objetivos de un grupo u organización. La iniciativa será importante para actuar sobre las oportunidades que tenemos a disposición. Y por último, el optimismo será nuestra motivación para ser persistente y perseguir nuestros objetivos a pesar de los obstáculos y los traspiés que puedan presentarse en nuestro camino.

4) **Empatía y conciencia social**: es la capacidad de percibir y sentir las emociones ajenas, así como también de comprender las perspectivas que son ajenas a nosotros y preocuparnos sinceramente sobre los problemas de terceros.

Sirve para anticipar, reconocer y conocer las necesidades de las otras personas, pudiendo de esta forma desarrollar y reforzar tus habilidades en base a eso. Y por último permite cultivar relaciones con distintas culturas.

5) **Habilidades sociales**: consiste en conocer las distintas tácticas de persuasión y poder emplearlas de forma efectiva. Utilizar la comunicación para transmitir mensajes claros y convincentes, inspirando y guiando individuos y grupos de personas. También sirve para negociar y resolver distintos conflictos, desacuerdos y diferencias. Y por último, es de utilidad para trabajar en equipo y lograr objetivos que se tengan en común.

A su vez las personas que tienen gran inteligencia emocional comparten una serie de características:

1) No le tienen miedo al cambio, Entienden que es parte de la vida y se adaptan con rapidez y facilidad.

2) Son empáticos. Rápidamente pueden percibir e interpretar las emociones las otras personas, sabiendo que pueden pensar y así ayudarlos

3) Están comprometidos a desarrollar sus habilidades y siempre ofrecer lo mejor de sí mismos, es decir, en aspirar a la excelencia, pero sabiendo que la perfección es un estándar irreal e imposible de alcanzar.

4) Son balanceados con respecto a los distintos ámbitos de su vida. Tienen tanto una vida personal como una laboral, siendo equilibrados en cada una de ellas sin dejar que una afecte negativamente a la otra

5) Son personas curiosas y de mente abierta, siempre abiertas a explorar nuevas posibilidades.

6) Son felices y agradecidas.

Edward Gardner decía que la inteligencia emocional estaba constituida por dos de las inteligencias que enumeró: la **inteligencia interpersonal** y la **inteligencia intrapersonal**.

INTELIGENCIA INTERPERSONAL

La inteligencia interpersonal también conocida como inteligencia social es la capacidad que tiene la persona para comprender a los otros individuos con los que se relaciona, comunicarse e interactuar con ellos de forma eficiente y satisfactoria. Este tipo de inteligencia tiene dos pilares fundamentales que deben desarrollarse: la empatía y nuestra capacidad de manejar las relaciones. Esta inteligencia es la que determina nuestra elección de pareja y amigos.

La inteligencia interpersonal es la que nos permite percibir los estados de ánimo, emociones, motivaciones y habilidades de los demás, pudiendo así comprenderlos de mejor manera y comunicarnos con ellos de manera más eficiente estableciendo vínculos sanos y enriquecedores. Las personas que tienen este tipo de inteligencia muy desarrollada no tienen dificultades a la hora de relacionarse con los demás, detectar sus sentimientos y establecer vínculos con personas cuya edad difiere de la suya. Tienen la capacidad de entender la perspectiva de otras personas en cuanto a cuestiones sociales y políticas, aprecian las opiniones de los distintos individuos, además que se nutren de los valores culturales de los demás.

INTELIGENCIA INTRAPERSONAL

La inteligencia intrapersonal es la capacidad de conocerse a uno mismo y actuar en consecuencia de ello. Las personas con este tipo de inteligencia muy desarrollada tienen mucho autocontrol, disciplina, una autoestima fuerte, son conscientes de sus propias limitaciones y conocimientos, asumen la responsabilidad de sus acciones, y tienen la capacidad de introspección

La inteligencia intrapersonal es la cualidad que nos permite ver con realismo como somos y como queremos ser, y que es lo que deseamos, estableciendo distintas metas y prioridades y actuando en consecuencia. Las personas con este tipo de inteligencia son capaces de analizar el porqué de sus pensamientos, actitudes y sentimientos, pudiendo corregir aquello que no sea adecuado o no les conviene.

VENTAJAS DE LA INTELIGENCIA EMOCIONAL

1) Los niños y adolescentes que desarrollen este tipo de inteligencia podrán disfrutar de mejores interacciones sociales.

2) Poseer una inteligencia emocional desarrollada le permitirá a los adultos disfrutar de relaciones más sanas y asertivas, teniendo una mejor perspectiva sobre sí mismos y mejorar aquellas habilidades que le otorgaran una mejor capacidad para relacionarse

interpersonalmente sin la necesidad de agresión o problemas.

3) Los individuos con gran inteligencia emocional son percibidos de forma positiva por otros individuos.

4) Mejores relaciones familiares e íntimas.

5) Mejores rendimientos académicos. La inteligencia emocional está relacionada a grandes logros académicos, siendo que este tipo de inteligencia no solo ayuda a las relaciones personales, sino que otorga confianza y autoestima que ayudará a cumplir distintas metas.

6) La inteligencia personal permite desarrollar mejores habilidades de negociación, por lo cual las relaciones labores y el rendimiento aumentaran se verán beneficiadas de forma notable.

7) La inteligencia emocional permite un autoconocimiento pleno de nuestra psicología. Por lo cual aquellas personas con una inteligencia emocional desarrollada manifiestan mejores sensaciones de satisfacción en todos los aspectos de su vida.

8) Un desarrollo mayor de inteligencia personal no solo permitirá que usted sea más gentil y compasivo con los demás, sino que le otorgará la cualidad de la

autocompasión, evitando de esta forma caer en comportamientos autodestructivos y dañinos.

¿SE PUEDE APRENDER LA INTELIGENCIA EMOCIONAL?

Pues, aunque haya personas que sean más propensas a tener una mejor inteligencia emocional, usted puede trabajar sobre este tipo de habilidad y mejorarla cada día. Seguir esta serie de consejos que más adelante le enmarcaré no solo le servirá para mejorar y desarrollar la inteligencia emocional, sino para fortalecer otro tipo de cualidades que le permitirán tener mejores relaciones interpersonales. Aquí vamos:

1) Observa cómo reaccionan las otras personas. Pon esfuerzo de tu parte para imaginar y tratar de sentir como reaccionarías y como te sentirías si estuvieras en su lugar. Debes estar dispuesto a ser más abierto y aceptar los puntos de vista y necesidades de terceros.

2) Echa un vistazo en tu ambiente laboral y busca por patrones de comportamiento. La mejor forma de realizar un buen trabajo es dejar de buscar atención de otros y su aprobación,

trabajar en la humildad te ayudará mucho en este caso.

3) Adéntrate en un proceso de autoevaluación para identificar tus debilidades y obtener una percepción honesta acerca de lo que eres.

4) Examina como reaccionas a situaciones donde te encuentras bajo estrés. Trata de trabajar estando en calma y tener tus emociones bajo control

5) Asume la responsabilidad de tus actos. Esto significa que debes afrontar tus errores, aprender a disculparte sinceramente y tratar de realizar las cosas correctas.

6) Analiza como tus acciones y emociones pueden afectar a otras personas antes de realizarlas. Poniéndote en el lugar del otro y comprender como reaccionarán te ayudará a entender las consecuencias de estos actos.

7) Aprende a identificar tus emociones y diferenciar una de otras. Conocerlas a fondo te ayudará a entender por qué se manifiestan y como cambiar conductas que pueden ser dañinas tanto para ti como para terceros.

8) Una vez que identifiques estas emociones, no trates de arreglarlas. Ninguna emoción es mala o buena, son simples respuestas de tu cerebro ante estímulos específicos. Arrepentirte, ocultarlas o reprimirlas no ayudará en nada, sino que hará que estas se manifiesten con más fuerza la próxima vez.

9) Identifica aquellos gestos, movimientos o conductas producto de emociones. Es vital que aprendas a identificar estas reacciones del cuerpo para lograr un mejor entendimiento y poder regular tanto nuestras emociones y nuestro cuerpo.

10) Reconoce patrones. Esto significa identificar que determinada emoción aparecerá con determinado estimulo. Este ejercicio te ayudará a entender tus emociones y como se revelan.

11) Exterioriza tus emociones de forma asertiva. Reprimir, ocultar o luchar contras tus emocione son acciones que no sirven de nada. Por ejemplo: si eres una persona propensa a entrar en estado de ira fácilmente tal vez no

estás comunicando tu ira (u otras emociones) en el momento adecuado y de la forma correcta.

Si emplea estos once puntos en su día a día, notará como en poco tiempo grandes cambios en usted y su forma de relacionarse.

LA PERSONALIDAD Y SUS TIPOS

La personalidad puede entenderse como el conjunto de características psíquicas de una persona. Son aquellos mecanismos internos que determinan el actuar de un individuo ante una determinada circunstancia. Esto puede referirse al patrón de actitudes, sentimientos, pensamientos y repertorio de conductas.

Entonces la personalidad tiene cinco características importantes:

1) Su forma de organizarse. Representa el orden en el cual se encuentran estructuradas las partes de la personalidad.

2) Es dinámica. Refiere a que estos pensamientos, sentimientos y conductas no son inamovibles, sino que varían a lo largo del tiempo.

3) La forma de pensar. Hace referencia a el patrón de pensamientos y de razonamiento que sigue un sujeto

4) La forma de actuar. Refiere al patrón de actitudes y comportamientos que tiene una persona.

5) Es única en cada sujeto. Debido a la naturaleza caótica del cerebro cada individuo presenta diferencias que lo hacen único, más allá de que puedan compartir similitudes.

De acuerdo a Carl Jung las personas se pueden caracterizar de acuerdo a los siguientes parámetros:

1) De acuerdo a la preferencia de actitudes del individuo. Pudiendo ser extrovertido o introvertido. En donde una persona extravertida se caracteriza por su alta sociabilidad y la tendencia a querer estar en compañía de otras personas, por su atrevimiento en situaciones sociales y la tendencia a evitar la soledad. A los **Extrovertidos (E)** les encanta estar con la gente y necesitan de constantes estimulaciones (sensaciones nuevas) de parte del mundo externo. Mientras que los **Introvertidos (I)** son lo contrario, se caracterizan por ser reservados,

por su introspección, su tranquilidad, su poca dependencia hacia otras personas y su preferencia hacia lo que conocen y les resulta habitual. Los introvertidos también disfrutan de las interaccione sociales pero de distinta manera. En círculos sociales íntimos suelen a ser tan animados y habladores como una persona extrovertida. Los introvertidos también se caracterizan por no hablar mucho, pensar mucho antes de actuar o hablar y no llamar la atención. No debe confundirse la timidez con la introversión. Mientras que la timidez es el miedo e inseguridad de entablar relaciones sociales (que conlleva a que se vuelva difícil hacerlo) la introversión es más bien un patrón de conductas elegidas referidas a las relaciones interpersonales, es decir, un introvertido no tiene miedo de hablar, sino más bien que prefiere no hacerlo.

2) De acuerdo a su forma de percibir y recolectar la información. Siendo **Sensitivos (S)** o **iNtuitivos (N).** Donde las personas sensitivas son aquellas que confían en la información que les proporcionan sus sentidos sensoriales, la

tangible y concreta. Tienden a confiar en los hechos y detalles, desconfiando de toda información que no tenga un origen claro. Por el contrario, las personas intuitivas tienden a confiar en aquella información cuyo origen es más abstracto o teórico, estando interesados en las posibilidades futuras.

3) De acuerdo a como el individuo toma decisiones puede ser **racional (T)**[6] o **emocional (F)**[7]. Esto refiere a como se procesa la información que fue recolectada. Aquellas personas racionales tienden a tomar decisiones desde una posición más distante, considerando lo que sea más lógico, razonable, causal, consistente y se ajusta a un conjunto de reglas. Mientras que las personas emocionales mediante la asociación a otras personas y teniendo empatía por la situación, siempre queriendo lograr la armonía, consenso y teniendo en cuenta los distintos sentimientos y perspectiva de todos los involucrados.

---

[6] Aclaración, las letras que representan cada una de las dimensiones proviene del idioma inglés. En este caso no hubo una traducción satisfactoria para la palabra "Thinking" (de la cual viene la "T").

[7] Aquí ocurre lo mismo, la "F" hace referencia a la palabra "Feeling" del inglés.

4) Y hay una última dimensión, que fue agregada por Myers y Briggs. Esta última dimensión hace referencia a la preferencia del individuo por el uso de la decisión (racional o emocional) o la función percepción (sensorial o intuición) en cuanto a su relación con el mundo exterior (introversión o extraversión. Se determinó que aquellas personas que tienen una preferencia por **Juzgar (J)** prefieren el uso de la decisión (racional o emocional). Mientras que los **Perceptivos (P)** hacen uso más de lo sensorial o la intuición.

Es así, como estas 4 dimensiones dan un total de 8 letras, que combinándose dan lugar a los 16 tipos de personalidad. Cabe aclarar que no hay personas totalmente extrovertidas o introvertidas, o personas totalmente racionales o emocionales. Estas 4 dimensiones hacen referencia a la inclinación de un individuo a actuar según estas 8 características, es decir, puede que una persona en algunos contextos sea introvertida y en otros sea extrovertida, pero si tiende más a la segunda conducta entonces su personalidad está caracterizada por ser predominantemente extrovertida.

Aunque esta forma no es la única manera para estructura una personalidad. También otra bastante conocida es el «Modelo de los cinco grandes», en que la personalidad está compuesta por cinco dimensiones más amplias. Estas cinco dimensiones son:

1) **Apertura a la experiencia o apertura al cambio (O)**. En donde una persona puede ser inventiva y curiosa o consistente y cautelosa. El individuo abierto a la experiencia se caracteriza por ser imaginativo y original, curiosos con el mundo externo e interno, además de interesarse por nuevas ideas y valores no convencionales. Mientras que aquellas cerradas al cambio tienden a ser convencionales y tradicionales. Prefieren lo sencillo y obvio antes que lo complejo y ambiguo, prefiriendo lo que les resulta familiar a lo novedosa, y socialmente y políticamente tienden a ser conservadores.

2) **Conciencia o responsable (C)**. En donde una persona puede ser eficiente y organizada, o descuidada e ineficiente. Esta dimensión hace referencia al autocontrol de los impulsos, a la planificación, organización y ejecución de los planes y tareas. Además que está vinculado con

la confiabilidad, escrupulosidad, puntualidad y responsabilidad. Los beneficios de ser responsable y autodisciplinado son obvios. Los individuos responsables y organizados tienden a seguir la agenda de actividades que se propusieron, son vistos por los demás como más fiables e inteligentes, además de su gran tenacidad. Aunque en algunos casos pueden ser adictos al trabajo y perfeccionistas compulsivos.

3) **Extraversión (E)**. Este punto ya lo hemos visto en el modelo anterior. Mientras que una persona extrovertido es más dada al mundo exterior, una introvertida prefiere su mundo interno.

4) **Amabilidad (A)**. Donde una persona puede ser amigable y compasiva o desafiante e insensible. Son las tendencias de una persona cuando se establece relaciones interpersonales. Un individuo amable es altruista, confiado, considerado y solidario, con gran facilidad y capacidad de establecer relaciones amistosas. Mientras que uno desafiante tiende a ser egocéntrico, escéptico y competitivo, donde tiene dificultades para establecer vínculos y sus relaciones son hostiles. El polo negativo de esta

dimensión se caracteriza por un individuo poco interesado y empático con los problemas de las otras personas, poca preocupación e interés por los demás y tener conductas agresivas con las demás personas.

5) **Neuroticismo o estabilidad emocional (N)**. En donde una persona inestable se caracteriza por su preocupación excesiva, su ansiedad, su gran irritabilidad, su bajo umbral de tolerancia, sus cambios de humor frecuentes, su facilidad para enojarse y facilidad para estresarse. Siendo que estos individuos son impulsivos y vulnerables, tienen una visión sesgada sobre las situaciones negativas, perpetuando sus emociones negativas.

Estos dos de los modelos más importantes en los cuales las distintas conductas pueden ser agrupadas en distintas personalidades. Según las tendencias conductuales los individuos pueden agruparse en algunas de las dimensiones anteriormente mencionadas y conformarse su tipo de personalidad.

USAR LA INTELIGENCIA EMOCIONAL PARA DETECTAR LOS DISTINTOS TIPOS DE PERSONALIDAD

Como hemos visto a lo largo de este libro hay una gran variedad de comportamientos y gestos, que gracias a los parámetros vistos en este capítulo pueden agruparse en distintas dimensione según sus características y luego conformarse algún tipo de personalidad.

La inteligencia emocional no solo es de gran utilidad para el autoconocimiento de las emociones propias, para saber identificarlas, controlarlas y expresarlas de una forma asertiva en el momento adecuado. Sino que también nos sirve para identificar las emociones de otros individuos y poder empatizar con ellas sin la necesidad de sufrir la misma situación o encontrarnos en el mismo contexto. Cabe recalcar, que como todo análisis, este puede llevar cierto grado de tiempo. Leer a una persona y conocer su tipo de personalidad requiere que dispongas de una gran cantidad de información, alguna de ella bastante confidencial. Piensa que los psicólogos y psiquiatras obtienen gran cantidad de información de sus pacientes en su primera sesión, necesitan de varios encuentros para establecer una línea base de conductas y conocerlos más a fondo. También debes tener en cuenta que el paciente se siente en confianza con este especialista y le revela información que probablemente no suelte tan fácilmente a cualquier desconocido. Pero, como hemos visto a lo largo de este libro, el lenguaje corporal nos dice mucho de las personas. Probablemente una persona no admita libremente su gran nerviosismo y todas las dificultades que eso conlleva, pero usted observando distintos comportamientos como comerse las uñas, juguetear con los dedos, mover incesantemente los pies o acomodarse constantemente en su asiento puede inferir que esta persona está nerviosa o por lo menos incomoda por alguna razón. Lo mismo ocurre con la inseguridad, difícilmente una persona admita estas características que considera como falencias y le causan gran vergüenza, además de ocasionarle dificultades en los distintos ámbitos de su vida. Pero con la información que le he proporcionado en el capítulo VIII usted dispondrá de la información y los elementos necesarios para identificar la inseguridad en una persona.

Tenga en cuenta que para un análisis más efectivo debe trabajar constantemente en su sentido de la observación y la interpretación. Tampoco olvide en trabajar su inteligencia emocional. Por lo tanto, tener a su disposición tanto la herramienta de leer el lenguaje corporal como la herramienta de leer las emociones ajenas, puede resultarle de gran beneficio personal y para ayudar a otros.

Capitulo XII: como influenciar a una persona

Al comienzo de este libro hicimos una distinción clara entre influencia o persuasión y manipulación. Mientras que la primera es la capacidad de convencer a una persona, la segunda es la utilización de tretas emocionales para engañar a una persona o amedrentarla con el objetivo de que cumpla nuestros caprichos. La manipulación emocional es considerada una forma de violencia, en donde el manipulador suele ser una persona que se caracteriza por tener una personalidad perversa, maquiavélica y maliciosa, donde sus intenciones nunca son de carácter altruista y su capacidad de empatizar con el dolor ajeno es nulo.

Por eso cuando esta lista de métodos y técnicas que vamos a abordar no tienen ninguna intención maliciosa. Además que la persona influenciada no será engañada, sino que se sentirá en sintonía contigo y por eso accederá amablemente a realizar alguna acción por ti o a estar de acuerdo contigo.

COMO ABORDAR CORRECTAMENTE A UNA PERSONA

En este libro hemos abordado la variedad de gestos y comportamientos según la emoción, estado de ánimo o sentimiento de la persona. Por eso en este capítulo, vamos a hacer uso de esos conocimientos para crear vínculos interpersonales donde podamos persuadir fácilmente. Debemos destacar que no hay un método infalible de persuasión o influencia, todas las personas son diferentes y responden de forma variada a los distintos estímulos externos según el contexto y el ambiente en el que se encuentren. Por lo tanto, como todo contenido de este libro (y tal como aclaramos en el Capítulo I) deberás de entender el contexto para lograr tus objetivos.

En este capítulo vamos a centrarnos en las relaciones laborales o académicas. Ya que son los dos ámbitos en los cuales las personas quieren tener cierta relevancia y que sus ideas y pensamientos sean escuchados. Es importante recalcar que una persona es más propensa a seguir una orden, consejo o propuesta de una persona que le cae bien y considera un igual. Siendo que muy raras veces obedecen o siguen propuestas de personas que les desagradan, solamente en casos donde deban seguir ordenes de una autoridad.

El primer punto importante es la vestimenta y el aseo, ya que la primera impresión acerca de una persona es la visual. Tanto en las empresas, como en las instituciones educativas o incluso en una cita de pareja, la higiene y vestimenta siempre es importante. Dice mucho de una persona, en cómo se cuida y que tan importante considera que sea esa situación en particular. Una apariencia desalineada, con el cabello sucio y desordenado, y prendas no adecuadas para la situación revelan mucha información. No cuidar el aspecto físico y no arreglarse puede ser señal de que la persona es descuidada, poco ordenada e irresponsable, la gente tiende a confiar muy poco en aquellas personas que lucen un aspecto de este tipo, ya que si no se encargan de cuidarse a sí mismos da la sensación que con tareas ajenas la ecuación no va a variar. Presentarse con ropas sucias o no adecuadas al contexto puede ser una clara señal de que la persona no tiene interés por aquella situación. Claramente si te importa ese puesto de trabajo o gustarle a esa persona con la que tanto te costó conseguir una cita, cuidarás cada detalle de tu apariencia física y tratarás de al menos lucir presentable para la ocasión. No arreglarse es interpretado como desinterés y que la persona no dedicó tiempo a la organización previa antes de presentarse en aquel lugar.

Ahora ya entrando en el terreno del lenguaje corporal varios factores juegan un rol importante a la hora de poder dar una buena impresión. La primera es la de la postura. Trata de mantener tu espalda recta y con la cabeza hacia el frente, aunque debes tener en cuenta que esto no sea exagerado. La gente notará – consciente o inconscientemente – cuando infles el pecho notoriamente o cuando tu espalda y cuello se encuentren tensos. Seguido a esto tu andar siempre debe ser normal pero seguro, no muestres señales de titubeo, inseguridad a la hora de decidir o excesiva torpeza, tú sabes lo que quieres y sabes el camino a seguir para conseguirlo.

Tu postura siempre debe ser abierta, nada de cruzar los brazos por alrededor del pecho o por delante del cuerpo, o que tus brazos y piernas estén pegados al cuerpo disminuyendo tu espacio personal.

Sino que tus brazos deben estar al costado del cuerpo o gesticulando en caso de que estés hablando. La dirección en la que apunten tu torso y pies siempre debe ser hacia donde esté tu interlocutor. Recuerda que voltear tu cintura y pies hacia otra dirección que no sea la persona con la que te estas relacionando, es tomado como una señal de que te sientes amenazado e inseguro, que no deseas estar ahí y ya preparaste tu cuerpo para huir de aquella situación.

A la hora del saludo – ya sean personas conocidas o que conoces por primera vez - tampoco titubees, te inclines hacia atrás cuando la persona te ofrezca su mano para el saludo y mucho menos la rechaces. La primera puede ser tomada como un signo de inseguridad e indecisión, o ambas a la vez, recuerda que una persona insegura por lo general es bastante indecisa por miedo a equivocarse. Mientras que el segundo y tercer comportamiento son tomados como una muestra de rechazo o profundo desagrado, donde evitas el contacto físico y no quieres establecer ningún tipo de vínculo con esa persona, mucho menos que entre en lo que consideras como espacio personal. En caso de que el saludo sea un apretón de manos, que tu palma no apunte hacia abajo (signo de dominación) ni para arriba (signo de sumisión). Sino que deberás ofrecer tu mano en posición vertical, asegurándote de que los dedos se encuentren juntos pero relajados, tenerlos separados puede ser tomado como infantil y tenerlos tensos es una señal de nerviosismo. El apretón de manos debe ser equitativo, es decir, ambos deberán emplear la misma fuerza y retirar la mano al mismo tiempo, es algo que sucede casi inconscientemente y te explico por qué. Retirar la mano muy rápidamente (sumisión) o prolongar el apretón demasiado tiempo (dominación) son actos que se realizan de forma consciente, así que tu interlocutor se dará cuenta que no estas actuando normal y que tu actuar es premeditado. Además que prolongar el apretón de manos demasiado tiempo con el fin de demostrar dominancia, solo va a generar una situación incómoda y de tensión. Por último, a menos que culturalmente este bien visto, durante el apretón de manos no utilices tu mano libre para colocarla sobre el saludo o para agarrar el brazo de la otra persona, puede ser considerado una falta de respeto.

Siguiendo con las manos, las personas se sentirán más cómodas cuando gesticules con las manos. No las mantengas quietas y tensas, ya que eso dejara entrever que estas nervioso y estas conteniéndote, es decir, que no estás actuando de forma natural y siendo sincero. Mucho menos ocultes tus manos, la gente tiende a desconfiar de las personas que no muestran sus manos durante una interaccion social, mucho más si es la primera vez que te relaciones con esa persona. Siempre mantenlas a la vista. Gesticular con las manos ayuda a que podamos comunicar nuestras ideas y pensamientos de mejor manera, pudiendo hacer énfasis en algunos de ellos o agregarles y quitarles intensidad. Esto aumentará nuestra credibilidad y la capacidad de persuasión. Evita hacer gestos que puedan ser considerados como ofensas o provocaciones, como por ejemplo, señalar a tu interlocutor. Tampoco dediques tus manos a "quitarte las pelusas invisibles de la ropa" o acomodarle las prendas mientras tu interlocutor tu habla, ya que creerá que no estás interesado en lo que dice y por eso te distraes.

Si eres de utilizar gestos adaptadores, trata de evitarlos, sobretodo en alguna entrevista o charla importante. Comerte las uñas, mascar chicle o fumar deja ver que te encuentras nervioso y además es desagradable para la vista.

En cuanto a los gestos faciales realizar expresiones que arruguen el rostro o tensar los músculos de la cara. No te muerdas los labios o saques la lengua excesivamente, ya que la primera denota nerviosismo y la segunda es considerada una falta de respeto.

Trata de siempre mantener contacto visual con tu interlocutor y que tu cabeza apunte en su dirección. Pasear la vista por el cuarto o voltear todo el tiempo la cabeza hacia una o varias direcciones es tomado como que no estas prestando atención o no estas interesado en lo que tu interlocutor te dice. Recuerda en el gesto de asentir periódicamente mientras la otra persona habla, esto es tomado como una muestra de reciprocidad y que ambos concuerdan. Pero, que este gesto no se vuelva constante, ni muy rápido o exagerado, ya que el interlocutor lo tomará como que lo estas apurando o deseas que la conversación llegue a su fin.

Y por último recuerda que las sonrisas deben ser cordiales y gentiles. Pronunciadas pero no exageradas. Una sonrisa sincera es armónica y está acompañada por otros gestos de la cara, como los ojos, que en sus bordes externos aparecen pequeñas arrugas.

Ahora que ya hemos repasado los conceptos más importantes del lenguaje corporal podemos llegar a algunas conclusiones: todo gesto que muestre tensión o nerviosismo no será bien tomado; los comportamientos que pretendan demostrar dominación tampoco pueden generar incomodidad, sobre todo si esa persona es un superior tuyo; las personas reaccionan mejor cuando te expresas con tus manos y cuando asientes al comunicar tus ideas; el contacto visual es muy importante, recuerda que la contracción o dilatación de las pupilas revelan si algo nos desagrada o agrada, respectivamente; y que tu posturas y gestos siempre deben apuntar en dirección a tu interlocutor.

Antes de finalizar con este capítulo me gustaría abordar un par de conceptos más. Por un lado la de las 7C de la comunicación. Recuerda que tu mensaje debe ser claro, conciso, coherente, entre otros puntos. Charlas prolongadas y vacías de contenido solo lograrán aburrir o que no se pueda hacer hincapié en el punto correcto. También recuerda el uso de la inteligencia emocional, que te permitirá tener más confianza en ti mismo, así como poder identificar con más eficacia y comprender las emociones, sentimientos, puntos de vista y estados de ánimo de otras personas.

Recuerda que debes tener en cuenta que todos gestos o comportamientos que intenten emplear la dominancia no son vistos, una persona reaccionará mejor siempre que lo consideres y trates como un igual.

Por último, pero no menos importante, quiero hablar sobre dos conceptos bastante cruciales. A las personas les gusta ser entendidas y reflejadas ¿Qué quiere decir esto? La primera significa que las personas siempre están de busca alguien con quien no solo puedan expresar sus ideas, sentimientos, emociones, estados de ánimo, pensamientos, perspectiva y percepciones, sino que también les gusta ser comprendidos y que aquello que comunican sea interpretado de la manera correcta. Por lo tanto, si entrenas lo suficiente tu inteligencia emocional, podrás hacer uso de esta técnica y lograr una mejor sintonía en tus relaciones interpersonales.

Y que les gusta ser reflejadas significa que les gusta observar sus pensamientos, sentimientos y comportamientos en otras personas, lo que vendría a ser una especie de representación. Hay estudios que confirman que cuando dos personas entran en sintonía empiezan a imitar el lenguaje corporal y las conductas de su interlocutor. El caso más emblemático es el de las relaciones de pareja. Donde ambos adoptan palabras, comportamientos, pensamientos, ideas y expresiones usadas por el otro, siendo que, mientras más tiempo pasen juntos, mayor sea la sintonía y mayor sea su "reflejo" en el otro. Por lo tanto, si usted desea que la otra persona se sienta cómoda y en sintonía con usted, la mejor forma de hacerlo es imitar su lenguaje corporal, de esta forma la persona se verá representada en usted y le generara confianza en encontrar alguien parecido. Se cree que este comportamiento se debe a que somos seres tribales, es decir, que nos agrupamos y ayudamos entre individuos que se nos parezcan físicamente o psicológicamente.

CAPITULO XIII:

TÉCNICAS DE PSICOLOGÍA INVERSA

Y aquí estamos ¡El último capítulo! Ha sido un largo camino que ya casi toca su fin, pero aún falta este pequeño capitulo. Cuando tiempo atrás estaba conformando el borrador para este libro no me decidía por qué tema debía abarcar en el último capítulo. Estaba sentado en la cafetería tratando de ordenar mis pensamientos mientras a mis espaldas un niño lloraba porque no quería comer el platillo que le habían encargado. Fue cuando escuche a un padre decirle a su hijo: "Tienes razón, esta comida es solo para adultos". Entonces algo en el niño cambió, su predisposición hacia la comida se transformó y comió el sándwich en un par de bocados. En ese momento la lamparita de las ideas se prendió sobre mi cabeza. Que mejor idea que repasar las técnicas de psicología inversa que tanto usamos en lo cotidiano, en especial, los padres con sus hijos.

¿QUÉ ES LA PSICOLOGÍA INVERSA?

La psicología inversa podría definirse como una técnica, en la cual uno manifiesta una afirmación (opuesta al objetivo deseado), con el fin de que la persona a persuadir se vea motivada a realizar la acción contraria que manifestamos. La persona que fue persuadida generalmente no es consciente de lo que sucede. Este tipo de técnica es bastante útil en las personas que son bastante combativas por naturaleza, sucediendo un fenómeno conocido como la reactancia. La reactancia es un sesgo emocional, donde la persona reacciona contradiciendo las normas, ordenes o reglas que siente que amenazan su libertad.

Aunque a veces es muy útil, la psicología inversa tiene sus desventajas y peligros. Sobre todo si se utiliza muy a menudo. Por ejemplo, cuando la utilizas le estas enseñando a la persona a que actúe y piense contrariamente según tus directrices, lo que en niños pequeños que aún se están formando puede ser contraproducente, ya que los puedes estar estimulando y felicitando para que no te hagan caso. Por otra parte si es mal utilizada y no se utiliza de forma asertiva, esta puede ser dañina. Y por último, puede que tu interlocutor se dé cuenta de que estés tratando de engañarlo y eso puede influir negativamente en la relación. Así que si llegas a utilizar esta técnica trata de que sea a través de la asertividad y no en la manipulación, que no implique un daño a terceros y de no usarla frecuentemente.

TÉCNICAS DE LA PSICOLOGÍA INVERSA.

A continuación enumeraré las distintas técnicas de psicología inversa que existen:

1) La **provocación**. Este tipo de psicología inversa funciona particularmente bien en las personas que son demasiado orgullosas. Hay tres tipos de provocación. Esta la **provocación indirecta**, cuando tu interlocutor se niega a realizar alguna acción, y tú lo que haces es poner en duda sus habilidades para hacerlo, por ejemplo, si tu esposo no quiere cocinar tú debes manifestar despreocupación acerca de la situación pero poner en duda sus dotes culinarios, si funciona querrá demostrarte que te habías equivocado. Luego le sigue la **provocación directa,** es bastante parecida a la anterior, solo que en este caso realizas una afirmación sobre su persona, una generalmente negativa y que influya en sus sentimientos de tal forma que quiera demostrarte que no es así. Un ejemplo de provocación directa es cuando una persona desafía a un amigo a realizar alguna acción

temerosa o peligrosa, le dirá que es una gallina y que no posee el suficiente valor para realizar algo de ese estilo, por lo tanto, el interlocutor para no quedar como un cobarde se vea influido a realizar esta actividad. Y por último está la de **convertir tu deseo en un desafío**, un ejemplo sería con su hijo que se rehúsa a cortar el césped, usted debe convertir esa tarea en un desafío y afirmar que él seguro no la puede realizar por un periodo determinado de tiempo porque sus habilidades o aptitudes no están lo suficientemente desarrolladas para realizar esta actividad.

2) **Otorgar la razón.** Sucede cuando discusiones se tornan acaloradas y se prologan demasiado tiempo, por lo que se distorsiona el sentido de la discusión (dejando de lado el asunto que la originó) y se convierte más bien en una pelea por ver quién gana la discusión y quien tiene la última palabra. Por lo cual, si cedemos la razón y dejamos que el otro "gane" podremos retornar al motivo principal que originó la discusión. Esto puede observarse frecuentemente en las parejas cuya relación se va deteriorando. Sobre la

limpieza, el orden, quien rompió cierto objeto, las discusiones son cada vez más recurrentes e intensas. Pero esto solo es la manifestación de su descontento por la relación, además de tratar de establecer un dominio en la casa ya que la armonía se ha fragmentado. Cuando la pareja no quiere limpiar u ordenar o involucrarse en alguna actividad que se le reclama, lo más probable es que la discusión se torne más intensa y se desvíe el foco principal, siendo más bien una pelea por ver quien tiene el dominio en la relación. Al otorgar la razón, el interlocutor cae en cuenta de que solamente quería vencer en esta lucha de poder y nunca en demostrar su punto de vista.

3) **Crear misterio o curiosidad.** Esta técnica consiste en crear una especie de misticismo en alguna acción u objeto, es decir, que des a entender que realizar tal acción está mal o no debe hacerse, pero nunca expliques por qué.

4) **Ilusión de alternativas.** Al dar una orden o establecer una directriz prohibitiva lo más probable es que generes la sensación y deseo contrarios. La persona querrá realizar la hacen

contraria de lo que le fue ordenado o prohibido, no por el hecho de que en realidad así lo desee, sino porque vio su libertad coartada y de esta forma demostrará su rebeldía hacia la autoridad. Pero cuando a una persona le ofreces más de una posibilidad le das la sensación de libertad y de que puede elegir. Cuando le das la ilusión de control las personas se vuelven más cooperativas. Además que al ofrecer más de una opción minimizas las probabilidades de rechazo, porque no preguntarás algo que se pueda responder con un sí o un no. Por ejemplo, si usted está a cargo de la oficina, y debe de darle trabajo extra a sus empleados puede preguntarle de la siguiente manera: ¿Quieres realizar este trabajo hoy o mañana? O sino: ¿Quieres hacer horas extras el jueves o el sábado? Es así como la sensación de libertad se ve menos cortada y es más probable que la otra persona colabore.

Estas son las técnicas de psicología inversa más utilizadas y eficaces. A la hora de utilizarlas debe ser asertivo y utilizar las palabras adecuadas. Sin embargo, desaconsejo su uso totalmente, ya que algunas puedes resultar agresivas o incluso con intenciones de manipular a la otra persona. También se debe tener en cuenta que usar las palabras incorrectas puede generar la reacción contraria a lo que se desea, así que sus resultados son bastante ambiguos.

Mi último consejo es que no trate de realizar este tipo de técnicas con desconocidos o personas con las cuales no posee la suficiente confianza. Ya que por ejemplo, la técnica de provocación, viniendo de un desconocido, puede tomarse como una invitación a una pelea más que un simple desafío que en algunos contextos puede resultar amistoso.

Aquí es, este es el final del recorrido. Trece capítulos extensos sobre cómo interpretar y analizar los distintos comportamientos no verbales de las personas. Así como las distintas técnicas y métodos para controlar nuestro propio lenguaje corporal y ser asertivos a la hora de relacionarnos con otras personas.

CONCLUSIÓN

Hemos ido desde la definición del lenguaje, pasando por las características básicas del lenguaje corporal, luego por los mecanismos que nos legaron nuestros ancestros, los ojos como portales para obtener información valiosa y muchas cosas más. Esto nos permite llegar a varias conclusiones. Que el lenguaje corporal a pesar de transmitir diversas señales de todo tipo que nos permiten obtener información sobre las emociones, estados de ánimo e intenciones de una persona, este siempre que esté complementado con el lenguaje verbal nos permitirá hacer un análisis más completo de la persona. Un solo gesto o comportamiento nos puede dar pequeños indicios sobre una persona, pero la comunicación de intenciones y emociones siempre vendrá acompañada de varios gestos que aparecen en conjunto y de forma breve. A su vez, la malinterpretación de estas señales nos puede llevar a sacar conclusiones erróneas sobre una persona, por eso debemos afilar nuestro sentido de la observación y establecer una línea base de comportamientos acerca de la persona que queremos analizar.

Por otra parte, comprender todas estas conductas y reacciones instantáneas que tenemos integradas no solo nos permitirá desarrollarnos como personas, sino proporcionarnos la información necesaria para un mejor entendimiento de las personas y herramientas que nos serán útiles en las distintas relaciones interpersonales. Siempre que queramos influenciar a una persona, la mejor forma de hacerlo es primero comprendiendo al otro, de ahí podemos establecer un plan y una serie de pasos que nos permitirá ser eficaces y lograr nuestro tan anhelado objetivo.

También aprendimos que la mentira es una estrategia que está presente en la raza humana hace miles de años, que ha ido evolucionando de acuerdo a los contextos y perfeccionándose. Además que cada individuo aprende por cuenta propia a mentir por diversas razones y que por estas razones detectar el engaño no es tan fácil como creíamos anteriormente. A su vez nombramos a las personas con psicopatía, que son mentirosos patológicos (o mitómanos), personas cuyo cerebros se adaptaron a la mentira por lo cual sus mecanismos de respuesta son diferentes a los de una persona que no sea así.

En los capítulos finales se han abordado temas desde cómo detectar la inseguridad, a cómo detectar el interés romántico hasta las distintas técnicas de psicología reversa. Como fue indicado al principio del libro se recomienda que esta información sea utilizada con fines educativos o para beneficio propio, pero siempre entendiendo que debe tenerse en consideración el bienestar psicológico y físico de terceros sin atentar contra estos en ningún momento.

Quiero dejar unas breves reflexiones finales. Toda la información que usted ha encontrado aquí se actualiza constantemente. Así funciona el método científico y las distintas disciplinas de la ciencia. Cada día se avanza más en técnicas y tecnologías que nos den un entendimiento completo más profundo acerca del ser humano, como interacciona con el ambiente que lo rodea y como se relaciona según el contexto. Las formas de comunicarnos han cambiado drásticamente estos últimos cien años, donde la aparición de la televisión, la radio, los celulares y las redes sociales generaron importantes cambios en cómo nos relacionamos y nos entendemos. También destacando que los avances tecnológicos cada día suceden con más velocidad, sin darnos tiempo a adaptarnos correctamente y generar nuevos mecanismos de respuesta que nos ayuden a movernos en estos nuevos entornos.

Probablemente para las nuevas generaciones sea mucho más fácil aprender de estas nuevas e increíbles tecnologías, que nos permiten enviar mensajes de todo tipo de forma instantánea a la distancia.

Le recomiendo seguir investigando por su cuenta y enriquecerse de conocimiento, que esté atento día a día a los nuevos avances científicos que se publican. Este libro debe ser entendido como una mera guía básica de introducción al tema, la bibliografía sobre estos temas es tan extensa que sería imposible resumirlo y explicarlo adecuadamente en este libro. Así que anímese y explore los distintas disciplinas que hemos tratado en este libro, y si usted lo desea, otras disciplinas de las que no hemos hablado aquí.

Espero que la lectura haya sido lo más amena y entretenida posible. He tratado de seguir todas las recomendaciones acerca de la comunicación para que los mensajes que le he transmitido le hayan llegado con la claridad y hayan sido fáciles de asimilar. Debe tener en cuenta que este libro ha tomado información de diversas fuentes, por lo cual todo lo que usted encontró aquí ha sido minuciosamente estudiado y comprobado. Le deseo la mejor de las suertes en este nuevo camino que usted emprenderá a partir de ahora. Y que esta información le permitirá obtener una nueva perspectiva sobre los entornos en los que interactúa, sobre usted, sus seres amados, conocidos y desconocidos con los que se relaciona cotidianamente. Así como también le permita ser más comprensivo, gentil, asertivo y benevolente en sus relaciones diarias. Ahora sí, sin más preámbulos me despido. ¡Adiós!

CPSIA information can be obtained
at www.ICGtesting.com
Printed in the USA
LVHW010855140121
676461LV00005B/499